Ami Himenomiya
姫乃宮亜美

光とつながって生きる

運命を動かす
エネルギーを手に入れ、
願いを叶える

ダイヤモンド社

はじめに

人は輝くものに出会うと、自然にとても幸せな気持ちになります。「光」に出会うと、私たちの心は満たされ、とてもあたたかく優しくなれますね。

はるか昔から、人類は「光」というものに憧れてきました。

星を見上げてきたのも、ご来光を見るために時間をかけて山を登るのも、光というものが私たちの心を満たしてくれる幸せなものだからでしょう。それはきっと、自分の中に内在する優しい光を心のどこかで覚えているのかもしれません。

あなたの中にはとても美しい光があります。あなたのその光を輝かせるほど、人生にはあたたかい愛があふれて幸せな力がついてきます。

光とつながるとは、どのようなことでしょう。それはあなたの中の〝聖なる部分〟とつながるということです。光につながるとは、あなたがあなた自身につながるということです。

あなたがあなた自身のエネルギーを取り戻すと、人生には安らぎとみずみずしさが急速に回復していきます。

私はこの光とつながる幸福な生き方と、とても不思議なご縁から出会うことができました。１９８６年、私のいのちに優しく語りかけてくるあたたかい光の意識と出会ったのです。それはとても優しくて包み込むような愛の光で、まるで母のようなぬくもりをもっていました。のちに私はこの美しい母なる光の意識を「聖母《せいぼ》意識」と呼ぶようになりました。

この世には、名前が違い、姿が違い、役割が違うたくさんの美しい女神たちがいます。しかし、そのたくさんいるように見える女神たちは起源を同じくし、元はひとつの光なのです。聖母意識とは、女神たちの集合意識ともいうべき光の聖なる母性なのです。

このあたたかい女神の光が教えてくれる優しい生き方は、不思議な力を持っていました。

聖母意識は教えてくれました。

私たちは本来、心あたたかく幸せでいるほうが、本来の自然の姿なのだと。

苦しみというものがあり難しいほうが、本当は不自然だったのだと。

幸せでいるほうがいのちの自然な姿で、さえぎるものがないのなら、いのちというのは、おのずと幸せになるようにできていると。

私たちの心のあたたかいところは、宇宙まで響き渡るほどの大きくて美しい力を秘めているので、聖母意識は、心の不安なところからではなく心のあたたかいところから人生を生き直す時、人生は深く癒されて、本来の美しい人生が現れると、優しい生き方を教えてくれました。

私はその宇宙の聖母意識との語り合いにより、不思議な力をもつ優しい生き方を知ったのです。

人の内側には美しい光があり、その光につながると、苦しみ続けたさまざまな問題もまるでからまっていた糸がするすると気持ちよくほどけてゆくように楽になり、今いる場所からあたたかい愛が広がってゆくのです。

生命は深いところで響き合い、つながっているといいますが、だからでしょうね。

自分の中の光を大切にすることを覚えると、自分だけでなく周りの人々にも優しい癒し

が広がりだすのです。

時代は今、大きく動いています。

もし、自分らしく生きられていないと感じているなら、何かを探している感覚があるなら、それはあなたの中の美しい光が目を覚まそうとしているのかもしれません。

この本は、そのあなたの素敵な変化をお手伝いするために生まれました。

あなたが光とつながって幸せに生きる、その道標《みちしるべ》になれたら、幸せです。

姫乃宮亜美

光とつながって生きる／目次

第1章

幸せは心の内側から修復されます

第2章 感情のエネルギーを上手に扱いましょう

第3章 光とつながる日々の暮らし方

第4章 祈りと直感で動いていくと道は拓けます

第1章

幸せは心の内側から修復されます

苦しみや居心地の悪さは光からのメッセージです

あなたは今、お幸せですか?

心が満ち足りて幸せならとても素敵ですね。でも、もし心がつらく痛んでいるなら、それはあなたのいのちの光から、あなたを幸せのほうへ導く優しい声が届いているのです。

心が痛むのは、苦しいしつらいから、とても嫌なものですね。でも、この心の痛みや苦しみもまた、あなたを助けてくれる天使のような力をもっています。

苦しみは、道を教えてくれる光の声なのです。「あなたのほしい世界は、この方向、この行動にはないのですよ。苦しんでいるところに気づき、変わると幸せになりますよ」と、道を告げる魂のサインとして訪れる、それが苦しみの役割なのです。本当は大切な道標なのですね。私たちの「心」「行動」「言葉」には波動があって、今心が苦しんでいる場所で、知らず知らず選んでしまっている波動が、あなたの魂の中にそなわっている幸福感にそっていないと、**「合っていませんよ」「違いますよ」「それは本当の私らしくありませんよ」**

と響いてくるサイン、それが苦しみなのです。胸が痛むのは嫌なものですが、心が痛んでくれるおかげで、私たちは遠回りせず踏みとどまることができ、胸が痛み苦しいからこそ、そこから学び、より優しくなることができます。ですから、苦しい、つらいという心のフィーリングが訪れていても、あなたは大丈夫なのだと胸をあたためてあげてください。

あなたは今、ここから変われるのです。今何かを失って挫折して胸が痛んでいても、あなたはここから変わって、また大切なものを引き寄せる……。愛が去ったと思っても、ここから波動を変えて、生き方が輝きだすと再び愛に包まれます。

だから、「つらい」というサインが心に走ったら、「あ、変わる時なのね」と今関わっている現実のものの見方を優しいほうに変えてみたり、選択を愛のあるものに変えてみましょう。関わっているコミュニケーションでの態度にあたたかさが通うように、自分を光ある優しいほうに変えてみましょう。こんなに苦しくひどい目にあっているとしゃがみ込むのを優しくやめて、「だからこそステキになろう」「だからこそあたたかい自分になろう」と、あなたの中の変われる美しい力に気がついてみましょう。

何かが1つ優しいほうに変化すると、あなたの中を流れるエネルギーが変わって、あなたは新しい素敵な人生を引き寄せ、苦しみはスルスルとやわらかくほどけてゆくでしょう。

「本当の自分」に気づくと、幸せな涙が流れだします

幸せになるために必要なこと、それはあなたがリラックスして居心地よく毎日を過ごすことです。それは、別の言葉でお伝えするなら、「本当の自分に戻る」ということです。

たとえば、生きるためにたくさんの我慢をしていたり、ストレスで心が硬くなっている時ですと、「本当の自分を感じてください」と言われても、よくわからないと思われてしまうかもしれませんね。私はお仕事を通して、毎日、さまざまなお立場の、さまざまな年代の方とお会いするのですが、実はいつも深く感動してしまうことがあるのです。

それは、たとえ頭ではわからないと思っていても、人は年齢も学歴も、理屈や理論も超えて、**自らの魂の中にある純粋で美しいものを自然に感じ取る力をもっている**ということです。

私のお仕事の1つは、出会った方々が自分の魂の美しさを思い出すお手伝いをさせていただくことです。自らの本質にふれてみたい、でもまったくわからないという方はとても

多いです。けれども私には、その時、出会えた方とのあたたかいご縁に感謝をしつつ、そっと目を閉じると、静かに満ちてくるようにその人の魂の美しい響きが感じられてくるのです。

魂とは本来、とても優しい光でできていますから、私はその方の内面に輝くその光の響きを映しだすようにして言葉で翻訳し、表に出して表現してさしあげるのです。

私は出会った方の優しい光のお道具として、ただその人の中にもともとあった綺麗なものを反射させてゆくだけなのですが、それは内面のスピリチュアリティに関わるものですから、それは本当のことだと証明することはできないかもしれません。

けれども、その方自身が聞いているうちにこみあげるように何かを感じて、綺麗な涙を流されることがとても多いのです。

「どうして泣いてしまうのでしょう」と戸惑われる方も少なくないですが、それは大切に心の奥にしまっていた懐かしい思い出に出会った時に似て、そこに見つけた美しいものが自分の中に確かにあると心が思い出すと、人間は本当に綺麗な綺麗な涙を流されるのです。

人は皆、自分の魂の美しさを無条件で知っていて、その真っ白な輝きに頭より先にあたたかいハートが感動し震えることで、確かに反応するのです。自分の中に輝く〝光〟を、言葉を超えて感知する力を誰もがもっているのですね。

しかし私たちの本質のピュアさとやわらかさに反して、社会のシステムはこの内面の美しさを応援するようにできていないことがとても多いです。そのため、社会で普通に生きようと思ったら傷つくし、傷つけられるから、自分を守らなければなりませんでした。人に嫌われないよう頑張らなければなりませんし、人に評価されなければなりませんでした。そしていつのまにか自分の心に鎧《よろい》をつけてしまうのです。**でも、その優しい美しいものは隠れているだけで、消えることはない……。優しく灯り続けてくれているのです。**

いつのまにか忘れていた、その純粋な自分の光と同じ波動を見つけると、その人の内に魂の自然治癒力が働いて、自然に癒しが起こります。だから見つけた方は、あたたかく安堵感に満ちた幸せな涙を止めることができないほどに流されることがあるのです。

私は多くの方のそのお姿に寄りそうたびに感動し、私自身の胸も清めていただけるような気がしています。それほどに、光にふれる涙というのは綺麗なのです。

そんな涙のあとは、頬はピンク色になられ、まるで湯上がりのようなステキな笑顔に出会えます。私はそんな時のその湯上がりのようなピンクのお顔を見るのが本当に大好きなのです。あなたの中の大切なものを、あなたは感じ取る力をもっているのですね。

「本当の自分」に触れると、
心が共鳴し、
涙が自然にあふれてきます。

この現実で起きる出来事には、
すべて意味があります。

あなたの中には、
美しいキャンドルの光が
灯り続けています。

あなたの中には、美しいキャンドルの炎が灯り続けています

たとえば赤ちゃんがお母さんの指を一生懸命握っている、そのやわらかい小さな手を見つめた時、胸にあたたかいものがこみあげることがあります。生まれたばかりの仔猫を胸に抱き上げた時、そこに生きているいのちのぬくもりを感じた時も、なんで泣くのかわからないのに、言葉にならない何かに感動して、あたたかい涙があふれることがあります。

静かに、でも忘れがたい感動に出会うことがあります。

ただ懸命に生きているいのちを感じたり、損得を越えたあたたかい善意や、まっすぐな心、困難を越えてゆこうとする誰かの懸命な生き方にふれた時にも、私たちの心には何かがこみあげてきて励まされるようにあたたかくなります。

そのあたたかくなるところを、霊性といいます。とても不思議ですよね。確かにあたたかさを感じるのに、そのぬくもりは体温計では計れないし、そのあたたかくなったところ

に自分の手はふれることができないのです。見ることもできないし、さわることもできない、でも人の心は自然体に戻ると、そのぬくもりを感じることができるのです。

心があたたかくなるのは、そこにあなたの「光」が灯っているからなのです。

本当のあなたの輝きがそこにあるのです。

心があたたかくなるそこに、あなたの「魂」が光り輝いているのです。魂とはとても優しい光でできているんですね。

私はこの存在の美しさを、よくキャンドルにたとえてお話させていただくのです。

私たちの中で輝くこのあたたかい「光」は、大宇宙の分け御霊《みたま》といわれています。神さまの分け御霊です。この言葉をはじめてお聞きになる方もいらっしゃることでしょう。分け御霊とは、たとえば大宇宙の創造主と呼ばれる、すべてを生み出された大きくて優しい神さまが、ひとつの大きなキャンドルだとしましょう。すべてを生み出された創造主の優しさというひとつのキャンドルから、私たち一人ひとりの胸の中のキャンドルに炎を移していただいたような優しさです。ひとつなる神さまのあたたかい炎から分けていただいた炎、それが「分け御霊」であり、あなたのあたたかい心、あなたの「光」なのです。１つの種火から、炎がいくつに分けられても、その炎に違いはありませんね。

つまり、あなたの中には、今も神さまとまったく同じあたたかい光が灯っているのです。
これを内なる神性といい、「大いなる自己」、ハイヤーセルフと呼ばれています。
私は「心のあたたかいところ」とか「内なる優しい光」と表現しています。

この「光」こそが、本当のあなたなのです。

そして、この光が、内面の感覚を通して、あなたを優しく導いています。
私たちの心の表面は悩むことや迷うことがありますが、この内なる優しい光は、答えをちゃんと知っています。ですからあたたかくなったり、ヒリヒリしたりしてフィーリングを通して道を教えてくれるのですね。

私たちは本当はすべてを知っているところを心の内側にもっているのです。

けれど、私たちは日常の中で、自らの内なる光と同じ愛や優しさよりも、ストレスや嫌悪の気持ちを感じる時間が長かったので、いつのまにか本当の自分の「光」ではなく、光を覆っているところが自分だと思って、波動を落として生きてしまっているのですね。
心の中にたくさんのつらい思い出があるのでしょう。私のいのちはきっと汚れています。

傷ついているから、きっと私の光は真っ黒です、なんておっしゃる方もおられるのですが、どうぞご安心ください。内なる光が汚れることも傷つくことも、本当はないのですよ。光は、太古からずっと、あなたの中で一度も汚れていません。綺麗なまま、無垢なままで優しく優しく輝いています。だから日常で、その汚れていないピュアさの波動を感じると、うれしくて涙が出るのです。

ただ、傷ついたり、汚れたりしていると感じるのは光ではなく、光を覆っている、たとえばランプのガラスのカバーの部分にあたる「感情」が傷ついているからです。ムカッとしたり、ついつい人を傷つけたりして、愛ではない波動の言動を奏でると、光を覆っているカバーの部分のエネルギー体が汚れて曇るのです。

心を洗い、心を学ぶことを忘れると、その曇りがやがて透明感を失わせ、光が隠れてしまうのですね。まるで自分に愛がないかのように、光がないかのように感じるのはこんな時です。

けれど隠れているだけですので、今ここから心があたたかくなるほうに動きだしてゆきますと、その曇りはどんどん晴れわたって、中からあなたの光が出てきてくれます。光が出ると、人生は面白いようにステキな展開を始めてゆくのです。

エネルギーは
あなたの中に満ちています

あなたの優しい光があるところ。

その心のあたたかいところは、実はとても素晴らしい不思議と神秘を秘めています。

あなたのそのあたたかいところは、すべてとつながっているのです。これをワンネスといいます。心があたたかくなる場所は大宇宙の神様とも、地球とも、そしてすべての人のいのちともつながっているのです。

私たちの内側はすべてのものとつながり合い、影響を与え合っているのです。

あなたの心のあたたかい光のポイントは、創造の神さまの優しさとつながっています。

最高の豊かさとつながっているのです。

私たちが体験するあらゆる幸福が生まれてくるところ、愛が生まれてくるところ、すべての良きものが無尽蔵にあふれてくる泉、それが天の愛、宇宙なのです。それはすべての喜びが供給される源泉で、私たちの心のあたたかさはその豊かなエネルギーの泉に直接つながっています。

ですから、あなたが自らの心のあたたかさにつながると、人生に幸福を通わせる豊かなエネルギーが満ち足りて、ふくよかに途切れることなく流れてくるのです。

今あなたに愛が必要なら、愛のエネルギーが……。道を開く勢いが必要ならそのパワーが……。人と人とをつなぐエネルギーや、人を呼ぶエネルギーや、あたたかい力を集める協力を引き寄せるエネルギーも、すべてあなたと、宇宙の接点であるところから流れてきます。それゆえ、あなたは無力ではないのです。**あなたが心を開いてさえいれば、あなたに必要なエネルギーは豊かに流れてくるようになっている**からです。

枯れることのない幸福の泉は、私たち一人ひとりの中にあり、それは汲んでも汲んでも、まだあふれてくるエネルギーの水源なのです。

けれど私たちは自分の中に、自らに必要なエネルギーの流入口があることを忘れているので、愛のエネルギーの水源の元栓を閉じたまま、「エネルギーが私にはない」と思ってしまうのですね。

あなたにも、あなたの人生を幸福でふくらませるエネルギーが流れてきますよ。

あなたの心に流れ、あなたの現実にも豊かに流れ、運命がみずみずしく甦る力が流れます。そのエネルギーが流れる、あたたかさという元栓に気づき、それを開いて通わせる、その光につながる幸せな生き方を取り戻す私たちの時代のタイミングが来ていますね。

人に気に入られるより、自分が心地よくなることを

心にある豊かな水源の元栓を開けるにはどうしたらいいでしょう。

それにはまず、あなたが本当はどうしたいのか、どうなると心地いいのか、自分の感覚を思い出すことです。

物事を動かしたいと思った時、エネルギーは私たちの意識が向いたほうへと動きます。ですから、**まず自分が行きたい方向をきちんと定めてあげるといいですね**。

たとえば、タクシーに乗って行き先を告げなければ、いつまでたっても目的地に着きませんね。それと同じです。

でも、私たちのほとんどは、自分が本当はどうしたいのか、実は明確にできていないのです。

どなたでも口では「幸せになりたい」「成功したい」とおっしゃいます。

ところが、具体的にどうなることが幸せなのか、何を達成すれば自分にとって成功と言

えるのか。明確にイメージできる人は、実は多くはありません。**何となく幸せになりたいという気持ちはあっても、磨《す》りガラス越しに自分を見ているように、自分の幸せなビジョンがはっきりとは見極められていないのですね。**

エネルギーが流れる方向がわからなければ、せっかく豊かな水源があったとしても、流れが定まらず無駄になってしまいます。

では、どうすればいいかというと、**あなたの今いるところで、心があたたかくなること、ホッとすること、気持ちよくなることに焦点をあてていくのです。**

とても身近なことからでいいですよ。たとえば、カフェで何を飲みたいのか。自分の心に寄り添って聞いてあげます。お友達がコーヒーを頼むから自分もコーヒーを注文するのではなく、もしあなたがミルクティーを飲みたいと思ったら、それをオーダーするのです。

自分がひかれるものをいただくと、おいしいからうれしくなりますね。そのうれしさのフィーリングが、水源を開いてゆくのです。「本当の自分」につながることができます。でも、「一人だけ違うものを頼んだら悪いから」と、人に焦点を合わせると、そこに自分とのズレが生じてしまいます。

「人に気に入られる自分」を演じすぎて、自分を見失うと、あなたが本当にもっているエネルギー、魂が発している周波数を見失ってしまい、心の水源とつながれなくなってしまうのです。

カフェでのオーダーは、とてもささいなことかもしれません。でも、人生はささやかなことの積み重ねです。そしてすべてに波動があるので、そこから自分を大切にしてあげることが、実はとても重要なのです。

心があたたかくなる選択をしていくと、「渡りに舟」の毎日が始まります

「これがしたいな」と思っていたことを明確にして、自分の心があたたかくなる言葉や行動を選んでいくと、あなたの意識が心の水源とピタリと合ってきます。そして、固く閉じていた元栓が徐々に開き始めます。

すると、あたたかいエネルギーがあなたの現実に流れ始めて、不思議なことが起こり始めます。

あなたの夢や希望、目標にぴったり合った情報とチャンスがピタリとタイミングよくやってくるのです。

ふとテレビをつけたら、ちょうど始めたいと思っていた習い事の情報があった。

「こんな人に会いたいな」と思っていた人と、偶然出会うことができた。

人前で歌ってみたいと願っていたら、「今度のパーティーで歌ってくれない?」と頼まれた……。

そのような「渡りに舟」の出来事がどんどん起き始めます。

まるで磁石が引き寄せ合うように、心と現実のタイミングが合ってくるのです。

それには理由があります。この世界で起こる現実は、あなたの心をスクリーンのように映し出すというしくみがあるのです。

毎日の出来事も、人間関係も仕事も家庭環境も、すべてあなたの心がどのようになっているかを、そのまま外側の世界に映し出しています。体も「ボディスクリーン」として、あなたの心を反映します。

ですから、あなたの心の中で「やりたいこと」がはっきりと姿を現した時、現実もそれをスクリーン上に映し始めるのですね。

宇宙には、いくつかの法則があります。その1つが、宇宙は「陰と陽」「プラスとマイナス」で成り立っているという法則。そして、宇宙にあるエネルギーは常に満ちているという法則もあります。それらの法則にのっとって、**あなたが「やりたい」というエネルギーを出した時、それを受けとめてくれるステージが引き寄せられてくるのです。**陰と陽、発信と受信が、同時に満ちてくるのです。

あなたのしたいことが明確になった時、そのエネルギーが現実に反映され、「渡りに舟」の状況が生まれます。ちょうどそう思っていたということが起こり始めます。

その最初のステージが「ツイてるな」「ラッキー！」という出来事から始まります。こんな状況が起きてきたら水源が開いたと考えてください。「人生と呼吸が合ってきた」と感じるような、スムーズな流れがそこから始まります。

私たちの中には、聖なる世界からの恵みが流れています

頭では、自分の心地よいことを基準にすればいいとわかっている。でも、それさえもできない苦しさの中にいて、にっちもさっちもいかない毎日を体験している。必死でがんばっているのに、「どうしてこんなにひどい目に遭わなければいけないのだろう」と、嘆きたくなる現実がある。人生には、そんな経験も時に起こりますね。

けれども、このような素敵な真実を知っていてほしいのです。

今どれほど自分がどん底で、希望の光がまったく見えない真っ暗な状況にいたとしても、あなたはそこから必ず、光につながることができます。

いつでも、この瞬間からできるのです。

もし毎日が窮屈で、自分の人生が何のためにあるのかわからなくなっていたとしたら、それは、あなたが自分にとって自然な流れの逆方向に走ってしまっている時なのです。

心を固く閉じていて、優しく流れようとしている宇宙の働きを、無意識に自分でせき止

めているだけだったと気づいてあげる、それだけでいいのです。

心の中のあたたかい光とつながる宇宙の供給源から流れてくる、生命を満たしてくれる愛のエネルギーを「グレース」といいます。

少し難しい言葉ですが、「恩寵《おんちょう》」という言葉で表されます。恩寵とは聖なる世界からの祝福・恵みという意味です。グレースとはどんな愛のエネルギーかというと、生命を力づけて生かし、開いてゆく優しい宇宙の聖母愛なのです。たとえば一粒の種を土の中に植えると、やがて芽を出し、つぼみとなりますね。

そのつぼみは最初は硬いのに、やがてやわらかくふくらんで、ふわりと咲く時を迎えます。この時、種が芽ぶき、成長し、花が咲くのは、その花の中に目には見えない生命力が流れているからですね。生命の力が通っていなければ、植えても種は芽吹くことはないし、花にまでなれませんね。そこに生命力が通ってくるからこそ、花が咲くのです。

いわばこの植物たちに実をならせ、花を咲かせる力が供給されるいのちへの優しさが、グレースなのです。これと同じように、私たちのいのちの中にも肉体にも、心をあたたかく開くと天上のグレースがみずみずしく満ちてくるのです。

グレースが流れると、私たちの心のかたいところがやわらかくなってゆく……。きつい顔が優しく柔和になってくる……。止まっていたお話が動き始める、滞っていたものが流れ始める……。人生にエネルギーが通って、美しく花開き始めるのです。

心に愛が流れるから優しくなってくる。
心があたたかくなるから、愛される……。
今あなたが幸せでも、もっとあたたかく、もっと幸せが連鎖し始めて、さらなる幸せが開いてくるのです。

宇宙は素敵な光の発電所なのですね。

「今」をありのままに受け入れると、人生の操縦席に座れます

何かがうまくいっていない時に、人生を回復させるための最初のステップをお教えしましょう。それは、「現状を受け入れること」です。

現実から目をそらすのではなく、しっかりと見つめること。私たちには、これが意外と難しいようです。本当はひどい状況だったとしても認めたくなくて、大したことはないと思ったり、現実がつらすぎて直視できず、逃げたりしてしまうのですね。早いうちに手を打つと軽くてすむのに、時間を置いてしまうから、問題が大きくなってしまうのです。

もし現実を直視できず、気を紛らすことや見ないふりをすることに時間を費やしていたら、人生はそのままつらいだけです。

だから、光に向かって動きだすために、**まずは今起きていることをありのままに受け入れるのです**。すると、自分の中にしっかりと現実が根づきます。そして意識的にエネルギーを動かしていくことができるようになります。人生の操縦席に座れるのです。

現状をありのままに受け入れてこそ、その状況を変える力が出てくるのです。

いいえ、この苦しい現実を受け入れるなんてできません……。そう言いたくなる時もあるでしょう。でも、魂は素晴らしくて、たとえ「もうダメだ」という現実であったとしても、必ずそこから抜け出すための道が用意されているのです。

宇宙は陰と陽がワンセットで存在します。ですから、**問題がある時には答えも同時に、迷う時にはそこを乗り越える方法も同時にセットで生まれてくるのです。**

ところが、現実を受け入れられなければ、その答えに気づくことができません。助け船がすぐ近くに来ていても、見つけられないのです。なぜなら、周波数が違うからなのです。

現実を受け入れるのは、とてもつらいことかもしれませんね。でも、あなたはその問題を乗り越える力をもって生まれました。そうでなければ出会いません。そう気づけば、意識がピタッと光につながります。

すると直感が働くようになり、さまざまなタイミングが合い始めます。問題を解決するための助けとなる人や乗り越える手段、情報が、あなたのもとにどんどん引き寄せられて集まりだすのです。

その第一歩は、今を受け入れることから始まります。

あなたの発しているバイブレーションが、今の現実を作っています

現実を受け入れたあと、あなたにチェックしてほしいことがあります。

それは、その現実があることで、今どんな気持ちが湧いているかということです。

たとえば、あなたが恋人に裏切られたとします。

はじめは、「まさか、彼が私を裏切るわけがない！」と、現実を拒否するかもしれません。

でも、事実を冷静に見て、その現実を受け入れた時、どんな感情が湧いてくるでしょうか。

それをまずチェックしていただきたいのです。たとえば、一番最初に「やっぱりね」という言葉が出たりする。「どうせ、私なんて裏切られて当然よね」「やっぱり、幸せになれるわけがなかったんだ」、そんな思いが湧いてくるかもしれません。

私たちの中には、本来エネルギーが川のように気持ちよく流れていることが大切です。

私たちの現実は、その内面のエネルギーの状態をスクリーンのように映しています。ですからエネルギーがスムーズに流れている時は、現実もスーッと気持ちよくスムーズです。

けれども、潜在意識の中に恐れや思い込みなどのように固定観念があると、それが川をせきとめてしまう岩のようになって流れを止めてしまうんです。その思いのしこりを「ブロック」といいます。このように心の中でエネルギーがせきとめられているところが、人生には悩みとなって現実に投影されるのです。つまり現実のほうが思いのエネルギーの結果だということです。

裏切られたから心が痛んだのではなく、先に心の中に痛みがあったから心が痛む現実を引き寄せてしまったといえるでしょう。つまり裏切られて「やっぱりね」と出るのは、そうされても仕方ないという疑いのほうが先に心の中に生まれていたのでしょう。

この真理を知っていれば、**一見受け入れがたい現実も光とつながるためのチャンスに変えていけます**。

たとえば、「なぜ、初対面なのにこんなに反感を持たれるのだろう」「なぜ、自分はこの人たちといると窮屈なのだろう」と思うことが、あなたにもあるかもしれません。

そんな時にあなたがどんな気持ちになっているのか、あなたの胸がどんな感覚をもっているのか、感じてみてください。

「自分なんてしょせん価値がない」「私は孤独だ」……そんな気持ちかもしれません。

あるいは、感情よりフィーリングで「胸がざらつく感じ」「心がギュッとつかまれたような感じ」「重くて真っ黒な感じ」「灰色の気分」など、漠然とした感覚かもしれません。それが、あなたが違和感やストレスを感じている時、無意識で握っているもの。あなたの発している「バイブレーション」であり、魂のブロックです。

知らないうちに握っていた、重くかたいバイブレーションが現実に投影されて、重苦しい現実が生まれていた、そんなしくみだったのですね。でもそれは、とても優しい側面をもっています。そのバイブレーションに気づいたら、同時に手放せるのです。

ブロックとして固まってしまっているバイブレーションは、固定観念として潜在意識の中に根を下ろし、無意識に苦しみの原因となる〝考え方〟をくり返しています。ほとんど当たり前のように、苦しみを引き寄せるバイブレーションが自動操縦でくり返されています。この時、くり返されるのは「無意識」だからです。気がつかないからくり返してしまい、苦しみが長びくのですが、**これを自分が信じていたんだと気がつくと、そのブロックはやわらかくなってシュッとほどけるのです。**

そうすると現実は変わってゆきます。顕在意識という表の意識で気づいて受けとめてあげると、潜在意識に潜んでいるブロックはほどけるのです。

自分を幸せにさせていない自分を許しましょう

魂のブロックを解き、あなたという美しい光をより大きく輝かせるために、大切な魂のお道具があります。それは、「許す」といういのちの仕事です。

「許す」という尊い行為が大事なことは、あなたもきっとご存じなのではないでしょうか。本当の許しとは何か。私たちが、真に許さなければならないのは誰か。心の内側を癒すために、ぜひあなたにお伝えしたいと思います。

あるエピソードを例にお話ししましょう。

以前、とある聖地にグループで旅行をした時のことです。祈りを捧げるために、とても重要なポイントへ行くのに少し細くなっている通路を通らなければなりませんでした。私はたまたま一緒に行ったAさんがその細い道を歩いていくのを、少し離れたところから見ていたのです。

Aさんは突然、道の途中で何かを感じられたのでしょう。いきなり立ち止まり、道の途中で手を合わせて祈り始めたのです。Ａさんは長い間泣きながら立ち止まっていました。ところが、その道は人が一人ようやく通れるような細さ。彼女は目を閉じているので気がついていませんでしたが、実は彼女が立ち止まったことで通れないでいる人たちの行列がそのあとに続いて並んでいたのです。

皆、「何？　何？」という感じで、道をふさいでいるＡさんをうしろから見ていました。Ａさんのすぐうしろにいた金髪のふくよかな女性は、しばらくＡさんの様子を見て待っていたようでしたが、あまりにもＡさんが立ち止まっている時間が長かったので、とうとう我慢ができなくてＡさんを追い抜こうとしました。すると体が勢いよくあたってＡさんはドンッとはじかれ、ムッとしてしまったようでした。嫌な思いをしたので、彼女は祈りをやめて道を女性に譲りました。

Ａさんは私を見つけると、私が見ていたことを知らずに今のいきさつを話し始めました。かなり怒っているようで、「とても神聖な気を感じて私は祈っていたのに、あの人につきとばされたのです。通る時、舌打ちまでされてしまったんですよ。ひどいですよね。でも私、光につながっているので、あの人を許しました」。

お聞きしながら、これは私にとっても大切な学びだなと感じました。

たとえば、「許しが必要です、許しましょう」と言われた場合、普通はこのAさんのような心を許しと思ってしまうことが多いからです。けれど、残念ながらこの立ち位置の許しは、本当は許しではなく、人生がほどけるなどのヒーリングは起こりません。常に被害者意識を感じる体験が引き寄せられてきてしまうでしょう。Aさんの意識が内ではなくて外に向いていて、嫌な思いをしたのは相手のせいだと思った心のままだからです。

こんな時、人生に幸せを回復させるあたたかい心をもつ許しとはどんなものなのかを分かち合いたいと思うのです。

たとえば、光につながる聖なる許しとは、ドンッとされてついムカッときてしまい、たとえ自分の姿に気づけなかったとしても、それが自分に起こったのは「ああ私の中に人を責める心があるんだな」「舌打ちしてしまうくらいのいらだちが無意識の中にはあるんだな」と気がついて、あのドンッと通りすぎていった女性を通して投影された自分の心を「許す」のです。

外ではなくて、自分の心を優しく許すのです。

その心の位置こそ、人生に素敵な癒しをもたらす「許しの光」なのです。

現実は、私たちの内面を映し出す鏡

Ａさんのエピソードを例に、本当の許しについて知っていただきました。

あなたがこれから「許し」というお道具を使う時に、思い出していただきたいことがあります。それは、決して自分を責めないということです。

たとえば、Ａさんと同じようなことが起きた時、「人に不愉快な思いをさせてしまった」「自分はまだまだ未熟だ」などと思わないでほしいのです。

Ａさんを押した人はたまたま、Ａさんが自分の内側に気づくためのきっかけを作った天使として、あなたの人生に訪れました。Ａさんの代役となって、自分の心に気づくように教えてくれた人です。つまり、Ａさん自身とも言えるのです。

だからこそ、「人を許す」のではなく、**「その現実をつくった自分を許す」「その人に投影している自分の心を、あたたかく理解すること」が大切になってきます。**

私たちは、目の前の現実というスクリーンを通して、鏡のように自分の内側に何が起こっているかを見ています。

言い換えれば、この現実は私たちの内面を映し出す「鏡」なのです。

あなたがどんな体験をしたとしても、それはあなたの心で起きていることが映し出されているだけです。

あなたに優しくしてくれる人も、教え諭《さと》してくれる人も、つらくあたる人も、依存してくる人も、すべてあなた自身の内側がつくり出しています。

三次元という鏡に映るその人たちを通して、自分自身を大切に理解してゆきましょう。

「こんな現実を私はつくっていない！」と、思わず拒否したくなる時もあるでしょう。

でも時がたてば、必ずそこから学ぶことがあって、その出来事が起きたことなのだとわかるはずです。

その気づきが訪れると、不愉快なことや悲しいことが起きた時に、どのようにあたたかい心でとらえればいいかがすぐわかるようになるはずです。

そうすると、毎日がとても楽になっていきます。トゲトゲしていた現実が、あなたに気づきをもたらす優しい現実へと変わるのですから。

本当の「ありのままの自分」に出会ってください

光とつながるためにお伝えしておきたい大切な真実について、さらにお話ししていきましょう。

それは、「ありのままの自分」についてです。

「ありのままの自分」と言う時、あなたは何を思い浮かべますか？

もしかすると、「今の人生での過去や、過去世の経験からくる思いのクセがついた状態」を、「ありのまま」だと思っているのではないでしょうか。

私たちの魂は、何度も生まれ変わって学びの旅をしています。そして過去の人生で得た経験を、今の人生に持ち越してきています。

その証拠に、生まれて間もない赤ちゃんでも性格はさまざまですね。しょっちゅう泣いている癇《かん》の強い子もいれば、一日中おとなしく寝ている子もいます。

よく考えると不思議だと思いませんか？　生まれたばかりなのに反応が違う。それは、過去世で経験してきたことが、そのままその子の性格・気質となって残っているからです。

そうやって過去の人生の気質は残っているけれど、本来の私たちはどんな色もついていない、まっさらなひとつの光なのです。

でも、いくつもの人生で経験を重ねるうちに心が習慣づけられて、いくつかのパターンが潜在意識に組み込まれます。

いくつもの人生で同じ心を使い続ける。そんなふうに考えてください。繰り返し同じパターンを使ってきたので、生まれ変わってもリセットされず、それが今の人生での思考のクセや性格になっているのです。

たとえば、三人が同じ時に同じ出来事を体験したとしましょう。

その時とっさに出る反応は、過去から使い続けてきた心のパターンによって違います。

物が落ちて壊れた時に、とっさに「私が悪いんです」とすぐ自分を責める人、「あの人がやったんです」とすぐ他人を責める人、「しょうがないよね」とすぐあきらめる人……同じ体験をしていてもどのように心が動くかは、その人の経験値と思考のクセによって決まります。

でも、その反応は過去のままであって、「ありのままの自分」から来たものではないのですね。**ありのままの自分とは、「その人をその人たらしめている核」となる部分です。**あなたの中の一番色のついていないピュアな部分、神さまから生まれてきたままの純粋な透き通ったあなたらしさのままのエッセンスです。

たとえば、ありのままの自分でいたいから、たとえ人を傷つけてもこれからは言いたいことを全部言おうと決めてしまう。あるいは周囲に迷惑かけても自分の意志を通そうとする。のんびりするのが好きだから怠惰な自分でありのままに……。これは過去世で抑圧された自分の感情に巻き込まれているだけで、真実のあなたのエッセンスではないのです。

本当のあなたはただただ純粋な美しい光ですから、自然に優しい調和が広がります。

ありのままとは、自分の中心の「核」にある、あたたかくて純粋な愛のままということです。だから力を抜いていても、くつろいでいても、自然に優しさが伝わる、愛が広がる……。リラックスしているだけなのに、すべてが自然によくなってゆきます。

「在《あ》りのまま」とは、存在するだけで、天の愛のままに、自然にそうなってゆく世界です。

「ありのまま」のあなたは、心のあたたかいところにいます。いつでも光とつながっているのです。

自分が幸せでいられるところが、あなたの「エッセンス」なのです

あなたをあなたとして成り立たせている核の部分が、ありのままの自分だとお伝えしました。では、その核が何か、あなたには思い当たるところがありますか？

具体的にイメージするのが難しい場合は、次のような質問を自分にしてみてください。

あなたにとって「これを取られたら私ではなくなってしまう」と思うものは何ですか？

たとえば、高級なブランド服に身を包んでいても、普通のシンプルなTシャツとデニムを着ていても、あなたはあなたですね。

何を身につけていても、どこで誰と何をしていても、あなたには、あなただけがもっているあたたかくて「幸せな感じ」があるはずです。それは、**「こんな私でいる時が、幸せだな」「こんなふうに存在できると、充実しているな」**と感じることです。

それが、あなたの「核」となるエッセンスです。

たとえ、「あなたは何のために生まれてきたのですか？」という質問には答えられなく

ても、心がときめく時、楽しくて仕方がない時、充実している時を考えると、きっと思い浮かぶことがあると思うのです。それは、あなたの魂にとって真実です。

あなたは、それをするために生まれてきました。そして、それこそが「ありのままのあなた」であり、「自分を自分たらしめているもの」なのです。

どんな仕事をしていても、どんな場所で何をしていても、そのエッセンスの部分から、目の前のことに関わってみてください。

どうすればいいかと言うと、**自分らしく楽しくあたたかくやっていく**ということです。

「好きなことは楽しくできるけど、今の仕事は嫌いだから自分らしくなんてできない」と思うかもしれませんね。でも、どこで何をしていても、あなたの「核」であるエッセンスには、常に愛と喜びがあふれています。それは、あなたにしか表現できないバイブレーションです。

愛や喜びが今ここにないから、あなたが苦しいわけではありません。**本当は、表現できる愛や喜びがあるのに、それを出していない時に、苦しみや摩擦が生まれるのです。**

あなたの一番深いところにあるその「幸せな感じ」を表現し始めれば、世界という鏡は、それそのままを、あなたに現実として見せてくれるでしょう。

痛みは、変えるべきことを教えてくれるあなたの味方

自分の幸せな感じを大切にし始めると、エネルギーがあふれて、黙っていてもあなたから光が放たれていきます。**魂の光を出すと、あなた自身もまわりの人も、自然に癒され始めます。**

でも、心に痛みがある時は、私たちはどうしても幸せな気持ちにはなれませんね。心が痛い時は、誰もがつらく不快なものです。

ですから私たちは、つい痛みを敵のように感じてしまいますね。

しかし本当は、敵などいないのです。ただあなたが幸せに向かっていくには、どこを変えればいいか、どの方向へ進んでいけばいいのか、それを教えにきてくれている味方なのです。

私たちはふだん、悲しみや自己否定、劣等感、嫉妬、怒り、恨みなど、さまざまな痛みを感じます。でもどうか、その痛みを怖がったり、嫌ったりしないでいただきたいのです。

痛みは、あなたを幸せな場所、本当の自分へと導くナビゲーションのようなものです。痛みを感じたら、「あ、今心が痛いな。自分はどんなことを変えていけばいいのだろう」とあたたかく思ってみてください。

あなたのオリジナルなエネルギーをまだ表現できていない時に、痛みというのは「ここを変えればいいよ」という光のサインとしてやって来ます。

ですから、どうぞそのサインを優しく受けとめてください。その痛みを見ていくと、どうやってハンドルを切れば幸せな方向へ向かっていけるかが、きっとわかるはずです。

その幸せな方向とは、あなたのエッセンスを表現できる方向、自分だけのオリジナルなエネルギーを出せる方向です。

その方向へ進み始めると、力《りき》みが溶《と》けてゆくのです。「がんばってやらなければ」「努力しなければ」というところからではなく、「これがやりたい！」「楽しくて仕方ない！」というあたたかい喜びから、人生を動かしていけます。

あなたのオリジナルエネルギーが自然にあふれだし、ただ心がときめいてうれしいことを自然にできるようになるのです。

真理に気づくだけで、人生が癒され始めます

「いつもネガティブなことを考えている私はダメだ」

「人を批判して責めてばかりいる私には愛なんてない」

あなたは、こんなふうに自分を見てしまっていませんか？

でも、日常でどんなに怒りや恨み、自己嫌悪を感じたりしていても、その奥には光である本当のあなたがいると、この章で学んできましたね。光であるあなたは、とても正直です。ですから、きっと次のような経験にお心当たりがあると思います。

たとえば、誰かが人のために一生懸命尽くす心あたたまる場面をテレビで見た時、美しい愛の物語を読んだ時、ハッピーエンドの映画を見た時、あなたはホッとして、息が楽にできるようなあたたかい感覚をもつのではないでしょうか？　感動して心があたたかくなるのではないでしょうか。また、逆に、つらい場面や悲しいシーンを見た時、あるいは人が人を傷つけるニュースに触れた時、あなたの心はギュッと縮こまったように感じるはず

です。

その反応は何なのでしょう。

答えは、私たちという存在がもともとはあたたかい愛だからです。**私たちには本来、優しさや慈しみの美しいエネルギーのほうが自然でスムーズだといのちの光で知っています。**

そして逆に私たちの魂は、怒りや攻撃、批判のエネルギーに慣れていません。だから、そんなエネルギーに触れている時は、心も体も緊張し、居心地が悪いのです。

でも、生きていると、思わず「腹が立つ！」と怒りがワッと湧いてきたり、「言わなきゃ気がすまない！」と人を攻撃したりしてしまうこともありますね。それは、人間だから仕方のないことです。

しかし、この状態を宇宙の視点で見てみましょう。この時、愛であるあなたの心は、怒りながら傷ついていたのです。誰かを攻撃しながら、本当は涙を流していたのです。

この真実を思い出すと、優しい気持ちがフワーッと湧き出てきます。その瞬間、外れていたパイプがつなぎ直され、心のあたたかいところにある光の源泉からエネルギーがあふれ出てきます。

光とつながるために、がんばって何かをする必要はありません。

「そうか、自分の中にはいつも、無垢な光、美しいエネルギーがあったんだ」と思い出して心をあたたかくしてください。

ただ、それだけでいいのです。

第2章

感情のエネルギーを上手に扱いましょう

恐れや怒りは、しっかり感じることで消えていきます

この章では、私たちが日々もっている感情とのつき合い方についてお話ししていきましょう。私たちの中には、怒りや恐れ、自己嫌悪など、いわゆる「ネガティブ」と呼ばれる感情もありますね。そんな感情をもつのはよくないことだと、私たちは感じてしまいますね。

けれど、どんな感情をもっていても、否定したり無視したりしなくていいのです。むしろ、大切にしっかりと感じてあげてほしいのです。

なぜなら、その感情が出てきたということは、もうそれが消えていくタイミングだからです。そして、**きちんと感じてあげないと、その感情は消えていかないからです。**

潜在意識の中には、たとえば地層のようにさまざまな感情が積み重なっています。感情には、優しい法則があります。三次元という現実に現れたものは、消えてゆこうとするものなのです。

怒りや悲しみが湧いてくる時、というのは体の中にたまっている毒素が出ていく時と同じなのです。

たとえば病気が治癒に向かう手前で、よくなろうとする体の反応として一時的に症状が悪くなる「好転反応」というのが出る場合がありますね。あれは、毒素が排出されているしるしです。

心も同じなんですよ。ネガティブな感情がワッと出てくるのも、心が癒されていく過程で通過する、１つの好転反応です。「もう、この感情は消えていきますよ」と教えてくれているのです。

でも、そこで感情を押し込め、感じないようにしてしまうと、その感情は消えていきません。潜在意識の奥底に、再び埋もれてしまうことになります。

すると、意識の奥深くに潜んでしまった痛みが、現実の運命をつくり出します。その痛みが三次元のスクリーンに反映され、「なぜ、私はこんな目に遭わなければいけないの」「どうして、この苦しい現実があるの」と、まるで自分が運命の被害者になった気持ちを味わわなければならなくなります。

ですから、ネガティブな感情が意識に上ってきたら、「あ、この感情が消えていこうとしてるんだな」と考え、しっかりと受けとめてほしいのです。

「人間なんだから、こんな気持ちになることだってあるよね。わかるよ。つらいよね」と、優しく受けとめてほしいのです。

あたたかく受けとめられると、あなたの中にあったその感情は、スーッと消えていきます。このプロセスの繰り返しで、あなたの光をさえぎる曇りを1つずつ消していくことができるのです。

激しい恐れも、向き合い、感じきることで、安らぎに至れます

私はこのように、本や講演という形で、みなさんに聖母意識からの情報をお伝えする機会を与えられていますが、実はもう１つの役目があります。それは、お伝えする情報をまずは私自身が自分の人生の中で前もってすべて体験し、実感するということです。それも魂の仕事なのです。

先ほど、ネガティブな感情は感じきることが大切だとお話ししましたね。ある年のお正月、私は身をもってそれを学びました。あなたの小さなサンプルとしてお使いいただけますように、その時の経験をシェアさせていただきます。

この年は出張が多かったこともあり、いつにも増してあわただしい一年を過ごしていました。その中で、自分なりに時間をとって心を整えていたのですが、新年を迎えるにあたり、より丁寧に自分と向き合う時間をたっぷりとりたいと考えたのです。とても疲れていたので、自分を取り戻したかったのですね。

すでに始まりつつある大きな変化の時代に、どんな生き方や体験をして、どのような形でみなさんに語りかけていけばいいのか。そのビジョンを明確にしたいと思ったのです。そこでマネージャーにお願いして、少し長い5日間という時間を自分のために用意しました。そして、その間は誰にも会わずに一人で過ごしたいと思い、私はホテルに泊まり込むことにしました。

たくさんの心惹かれる本をもち込み、私は、はりきってホテルに入りました。

しかし、いざ部屋に入ると、意外な展開が起きたのです。

さて、ホテルに入って心ときめく本などをゆっくり読んで、翌年のうれしいビジョンを心につくろうと、ときめきに焦点を合わせているのに、一人になってまず湧いてきたのは、大きな恐怖でした。本に目を通すどころではありません。あることを考えた時突然、体が震えて動けなくなるほどの、生きることに対する強烈な恐怖が湧いたのです。

現実に問題や悩みがあったわけではないのです。ただ以前もこのようなことがあったことを思い出しました。ずいぶん前に、やはり人生の恐怖と向き合った経験がありましたが、その時にすっかりその恐れを解放し、その後、一切そのような感情は訪れていませんでした。自分ではとっくに解放したと思っていた強い恐れに、私は驚きました。それは、息も絶え絶えになるような、身動きひとつできないほどの恐怖でした。

その中で私は、あることを思い出しました。感情を感じきってあげると手放せるという大切な真実です。

たとえば、人から嫌われている乱暴ないじめっ子がいたとします。その子を無視したり非難したりすると、行動はさらにエスカレートしていきますね。でも、**その子を認め、「寂しかったんだね」と優しく気持ちを受けとめてあげて、抱きしめてあげると、困った態度の姿は優しく溶けてゆき、ほどけて、やがて落ち着いていきます。**

ネガティブな感情も同じです。その激しい恐れや不安という自分の心は、ただ受けとめてほしいのです。だから否定するのではなく、あたたかい愛で受けとめてあげ、感じぬいてあげると、ネガティブなエネルギーというのは溶けて消えてゆくのです。

だから、私は心の奥から湧いてくる自分の恐怖をひたすら感じぬいてみました。あえてその恐れの感情の中に入っていって、消えるまで感じぬきます。

「ありがとう。消えるために表に出てきてくれて」

「ありがとう。気づかせてくれて」

1つの感情は、感じぬけば1分もしないうちに通りすぎてゆきます。抑圧するから残るだけなのです。しかし、感情は層になっていますから、消えては次の層、次の層と、ホテル滞在中、私は24時間この作業をくり返していきました。

とても根深いものを解放する時期だったのでしょう。次のビジョンをつくるためにとった時間は、宇宙から与えられた浄化の時だったのです。

やがてある時、光が射すように心がフッと楽になる瞬間が訪れました。

そこにあったのは、私の「本当の気持ち」でした。穏やかで優しく、平和な気持ち。神聖な光に触れたという安心感でした。

そして同時に、聖母からたくさんの情報が届き始めました。こうやって、私は心新たに、光とともに新年をスタートさせたのでした。

あなたと一緒にいる
ガイドの存在に気づいてください

このように、感情を解放していくと、1つの変化が起こります。

私たちの幸せを感じ取る「感覚」がよみがえるのです。エネルギーを感知するアンテナがさらに大きく開いて敏感になると思ってください。大切なものを感知する、その感度がとても高くなるということです。

私たちは、本当は直感が鋭い存在です。自分を幸せにするための情報をキャッチしたり、危機を察知したりすることができますし、大切な気づきをきちんと受け取ることもできます。今は、その感度がとても鈍くなっているだけなのです。

感情を解放し始めるとアンテナの感度が高くなり、さまざまなことをキャッチできるようになります。

ホテルで私の恐れの解放が、ほぼ完了に近づいた時のことです。

ふと、ひと筋の光が差し込んで、部屋の中にあるビジョンが浮かび上がったのです。たとえば車に乗っている時などに通常は透明な窓ガラスに陽があたったりすると、ガラスが鏡のようになって自分の顔や隣の人の顔が映ったりしますよね。ちょうどそのように、突然、部屋の中にななめに光が差し込んできたかと思うと、その光が反射して空中に四角いウィンドーのようなものが現れました。「え？」と驚く私がそのウィンドーを見ると、その私の顔と、なんと隣に私のガイドスピリットが優しく微笑んで、私と同じほうを向いて座っているのが見えました。

ガイドスピリットとは、一人ひとりを守り導く目には見えない光の導き手で、目には見えなくとも、誰もに必ずこのようなあたたかいお世話役がつきそってくださっているのです。

その時、ウィンドーに映ったガイドは、私がよく指導を受け知っている存在だったのですが、恐れを解放するのに必死だった私の頭の中からはその時離れていました。でも、ああ皆、守られているんだ、一人じゃないんだ、そう思いました。

誰もがあたたかく天の思いやりに包まれているのですね。

どうか安心してください。**あなたが恐れを越える時も、あなたは一人ではありません。**

寄りそってあなたを助けてくれる優しさがそばにあると、どうぞ自信をもってくださいね。

努力しているのに現実が変わらない。そんな時に気づいてほしいこと

あなたの内面が変わると、現実が変わり始めるとお話ししました。でも時折、「自分はそのことに気づいて懸命に努力しています。でも、現実が変わらないのです」とおっしゃる方がいます。

感情を手放す努力をして、人にも感謝している。また、いつも愛から行動しようとしている。なのに、現実はいつまでたっても変化しない……。

そんな時は、**あなたがさらにもう一歩進んで、さらなるあたたかい変化をしようとしているのです**。あなたは「私はちゃんとやっている」「私はがんばっている」と感じていらっしゃるでしょう。そういう時は、実際にあなたはがんばっておられるのです。

けれども、そこにあなたの運命を止めている、もう1つの思いが隠れているのです。

それは、「自分は正しい」という思いなのです。

「私はこれだけやっているのに……」

「間違っているのは、あの人なのに……」

「それなのに、なんで私だけ変わらなければならないの……」と思いがあふれる時は、本当にもっともでしょうけれど、自分を楽にするために、そっと立ち止まってあげましょう。

「ああ、気がつかなかったけれど、私はもしかしたら、自分だけが正しいと思っていたのかもしれない」

そうあたたかく気づいてみましょう。

あなたの無意識が「私は正しい」「私だけが正しい」、そして「間違っているのはあの人だ」と思っているとしたら、あなたの潜在意識は、その正しさを証明するまでそこから動こうとしなくなります。

ですから、がんばっているのに現状が動かなくなるのですね。

あなたを光につなげてくれるのは、正しさではなくて優しさではないでしょうか?

正しさは、時に人を裁き、分離させます。でも、優しさは人と人とをつなぎ、近づけてくれます。

優しさを知る時、人は光につながって、あなたの体から発するものが変わるのです。

私はこれだけやっている、と正しさにつかまっていると、あなたの中にある美しいものを見失ってしまいます。

「私は間違っていない、だけど振り返ってみると、私が自分の気持ちをわかってほしいように相手もそうなんじゃないのかな」という思いやりと、「私も学ぶべきところはあったのかもしれない」と謙虚さを覚えた時、あなたは自分の中のエネルギーの泉にふっとつながって、まずは芯から楽になっていきます。無意識で何かを責めている時は、なんでこんなに息がつまるのか、現状が動かないのかがまったくわかりません。

でも、「正しさ」からそっと手を離してみると、芯からやわらかくなって、あなたの中をあたたかいエネルギーが流れるのです。

何より楽になります。

そして、**あなたを苦しめていた人や状況は、実はあなたが手放すべき感情に気づかせるために現れてくれていたのだと気づくでしょう。**

その気づきが興《おこ》ると、本当の「ありがとう」が心の中のあたたかいところから湧いてくるでしょう。その時、あなたの現実が面白いように変わるでしょう。

あなたの反応パターンで、魂のブロックに気づけます

自分自身の心を知るためのプレゼントは、ふだんの生活の中にたくさん届いています。いつも体験している出来事に対して、あなたはいくつかの反応パターンをもっています。それをチェックすることで、自分のブロックに気づくことができるのです。

たとえば、行列しているケーキ屋さんに並んだとします。期待しながら待っていたのに、ケーキは、あなたの一人手前で売り切れてしまいました。その現実を前に、あなたはムッとして嫌な気持ちになりました。この「嫌な気持ち」は、人によって違います。

「がっかりだ。やっぱり私はついてない」「腹が立つ。せっかく並んだのに」「あの人さえいなければ買えたのに」……。

同じ現実なのに、その人の性格で反応はまったく変わってくるのですね。

しかし冷静に考えれば、**あなたはその現実をサラッと流せることに気づくはずです。**

「残念だけど、また来ればいいか」「じゃあ、今日は食べなくていいってことね」

そんなふうに考えて、気持ちよく帰ることもできるはずです。

それなのに、もしあなたが失望や腹立たしさを感じたとしたら、それが、あなたの中に魂のブロックがあることを教えてくれています。


別の言い方をすると、1つの出来事に対してネガティブに反応し、「なんで？」とザラッとした気持ちになるのは、実はそこにあなたへの気づきがあるのです。

そして、ここが重要なところですが、**そのザラッとした気持ちを大切に扱ってほしいのです。**大切に扱うとは、たとえば、ケーキが買えなくてがっかりしたとしたら、その「がっかり」を大切に気づき感じてあげることです。

その時、すごくがっかりして残念な気持ちになるか、もしくは腹を立ててしまうか。

それは、その人が持っているブロックの種類によって変わります。

ですから、「私って落ち込む派だ」「私はイラッとするタイプなのね」と、その感情をしっかり見極めてください。

そこに、あなたがもっている魂のブロックに気づくポイントがあります。

1つの曇りを取り除けば、思わぬところから物事が動きだします

自分のすぐ手前でケーキが売り切れたという事実への反応パターンを見ていくと、あなたは、自分のもっているブロックはこれかもしれないと気づくはずです。

たとえばそれは、「私は幸せを受け取れるわけがない」「豊かさを受け取る自分が許せない」というブロックかもしれません。あるいは「私はいつも人から邪魔される」というブロックかもしれません。

それに気づけば、そのブロックを手放せばいいとわかります。そして、自分の大好きなものを味わって「ああ幸せだなあ」と思える現実を作ればいいとわかります。そうすることを自分に許そうと決めればいいのです。

さらに、あなたは気づきます。「ケーキが買えなかった」という現実も、がっかりした気持ちが訪れたことも、この気づきのために訪れたのだということに。

すると、**「そうか、このブロックに気づくために今の曇りが訪れたんだ。ありがとう」**と、

感謝とともに一歩前進できるでしょう。

その気づきが起きると、ブロックがサッと溶け始めます。そして今度は、あなたの望む現実が向こうからやってくるという不思議がよく起こります。

たとえば、食べたかったケーキを次の日にお土産でいただき、「うわぁ、これ食べたかったの！」と喜ぶ。そんな現実を引き寄せ始めるのです。

これまで見てきたように、現実は心の中にあるブロックを反映しています。ですから、ブロックが１つ取れれば、その分だけ物事がスムーズに進み始めるのは、実は不思議な話ではありません。

変化は、他の分野でも始まります。３日後にやりたかった仕事の担当に抜擢されたり、長年悩んでいた人との関係が急によくなったり、絶対無理だと思っていたコンサートのチケットが手に入ったり……。

人生を編んでいる要素は、地下鉄の路線図のようにつながり、関わり合っています。

ですから、**１つの詰まりが取れるだけで、いろんな領域がスッと動き始めるのです。**

心の浄化に楽しく取り組みましょう

人生をすんなり先に進められる人と、がんばっているのになぜか同じところでグルグルと停滞してしまう人が、今とてもはっきり分かれ始めています。これまでは、大きな違いはなかったのですが、新しい時代を迎えて、その差が歴然とわかるようになりました。

では、両者の違いは何かというと、自分のエゴに気づけるかどうか、なのです。

「エゴ」や「我《が》」は、この地球上に生きる人なら誰もがもっているものです。

自分がどんなエゴを握りしめているのかに気づくプロセスでは、少し心が痛くなるかもしれません。人生が苦しみからどうしても動きだせない、現実が変わらないという時の強力な特効薬は、エゴに気がついてあげることです。

エゴは、見つけると本当に痛いですが、そのかわり最速で現実が動く特効薬です。エゴに気づくと最速で現実が動きます。

たとえば、何かトラブルや問題があって、嫌な気持ちが湧いてきたとしましょう。その時、「これって何のエゴだろう」と、すばやくその気持ちにフォーカスするのです。

でも、途中で「あ、こんなふうに考えたらダメだ」と思ってしまうと、エゴには気づけないので注意してください。あえて、そのムッとした気持ちやイラッとする気持ちを感じるようにします。そして、自分の中にどんなエゴがあるのだろうと思いを馳せてみるのです。

しばらく感じていくと、さまざまな気持ちが見えてくるでしょう。

「私は自分なんてダメだと卑下していた」「自分のほうが絶対に正しいと思っていた」……。自分ではそんなつもりはなかったけれど、いつの間にかもっていた自分のエゴ。それらがあらわになったら、ショックを受けるかもしれません。でも、気づいただけで、自動的にそのエゴが解放され、あなたの魂に届く光を遮っている曇りが消えていきます。ですから、その嫌な感情から目をそらさないでください。

すると、まずまわりの人が変わり始めます。それまで苦手で仕方なかった人が平気になったり、急に親切な人が近くに現れたりします。急速に人生の癒しが始まるのです。

そんな癒しが始まると、エゴを取るのがどんどん楽しくなっていくはずです。そして、**エゴを手放すにつれて、魂の光をさえぎっていた曇りも払われていくでしょう。**雲が消えて青空が広がっていくように、あなたの魂はもっともっと広がり、運も開けていきます。

今いる場所を変えられない時でも、できることがあります

あなたの中に、「この環境からはもう卒業する時だ」という思いが生まれても、それが職場や大切な人間関係だとすると、すぐには決断できない時もあるでしょう。

どれほど大きな決断であっても、必要なタイミングが来れば自然に状況が動きます。また、自分自身で「今がその時だ」と決断することができます。

しかし、まだ迷いがある時は、自分の中に恐れというブロックがあるか、または、その場所でまだ学ぶことがあるかのどちらかだと思います。

でも、そんな状況で光とつながっていくためにできることがあるのです。

それは、「何かを1つだけ変えてみる」ということです。

たとえば、仕事を辞めたいのに辞められない状況があったとします。そんな時でも変えられることはあるはずです。

人とのコミュニケーションのとり方を変えてみる。シフトや働き方を変えられるように

お願いしてみる。出勤時間、机やファイルのレイアウトなどを変えてみる……。

あるいは、上司と腹を割ってじっくり話してみるのもいいかもしれません。何か1つでも変えると、そこから流れが変わります。

その場所で自分がどう感じているかをじっくりと見て、もし居心地の悪さを感じているのであれば、それが少しでも軽くなるように自分で環境を整えてあげましょう。

変えることも難しければ、**何かを1つだけやめてみる**という選択もいいかもしれません。

最高は無理でも、「最善」に近づけるように、小さなところでもいいので、ささやかなすぐできることを変えるのです。いつもは言わない一言を大事に伝えて相談してみたり、たまには弱音を吐いてみるのもいいでしょう。

たまにはこうしない？　と新しい関わり方を始めてみたり、言わなくてもきっとわかるでしょう、と今まであまり口にしなかった「ありがとう」をあえて伝えてみる……。

小さくささやかな変化でも、とても大きなブロックを崩すことができるのです。

「本当の自分」に戻る道は2通りあります

状況を変えられない時に、1つだけ行動を変えることでエネルギーを動かす。この方法は、固定観念のベールを脱いで「本当の自分」に戻るためにも使えます。

日常の中で「惹かれていないことを1つやめる」、あるいは「惹かれることを1つ始める」。このどちらかをやってみましょう。そうすると、「本当の自分」に戻るルートへ一歩踏み出すことができます。

でも、自分を見つめる時間をもてていないと、惹かれるものがよくわからない場合もあるかもしれません。そういう時はまず、「今自分が惹かれていないこと」を1つやめることから始めましょう。

今、あなたの気持ちが少しも惹かれていないのにしていることはありませんか？

たとえばそれは、どなたかとのおつき合いかもしれませんし、誰かにすすめられて何となく始めた健康食品かもしれません。

「惹かれていない」とは、「気乗りしない」「ときめかない」「本音を言えばむしろ全然したくない」と思っていることです。そういうことを1つやめるたびに、あなたが本来もっているエネルギーに戻っていきます。

「仕事が気乗りしないけど、働かないわけにはいかないし……」という場合は、あなたが今やっている仕事の内容を細かく分けて、1つひとつ見直してみましょう。

仕事には、断れる仕事と、断れない仕事がありますね。

自分では「今の自分にとって生きるために絶対必要だ」と思っている仕事の内容も、よく考えてみると、断れるものと断れないものに分けられるはずです。

それを見極めて、小さな作業でも断れる部分は断り、やめられるものはやめるのです。

そうすると、心がその分だけ軽くなります。スムーズになります。

といっても、この仕事だけは、嫌でもしなければならないということもあるでしょう。

そんな時は、「今の自分に必要なことだからやるけど、どうしてこの仕事が嫌なのかな」「この仕事の何が自分を疲れさせるのかな」と考え、自分の内面を見つめてみましょう。

すると、その仕事が嫌いだと思っている本当の原因が見えてきます。

実は、仕事の内容ではなく、そこでの人間関係が苦しかった。実は、他にしたいことがあって、そちらにエネルギーを使いたいと思っていた。

そんな自分の気持ちに気づけるかもしれません。そこには必ず、何かしら原因があります。その原因を突き止めることが重要なのです。

その原因がわかれば、仕事を辞めなくても、本当の自分に戻るために動く方法が見えてきます。

人間関係を改善するために、おつき合いの仕方を変えてみる。本当にやりたいことをやる時間を、一日の中で少しでも確保する……。

そのようにして、できるところから動き始めれば、現実にがんじがらめになって苦しんでいる状況からは抜けられますね。

無理に大きなことを変えようとしなくてもいいのです。たった1つでいい、自分の感性に従って、したくないことをやめてみよう……。

そんなふうに考えて、あなたの毎日を見つめ直してみてください。

毎日、何となく続けていることを見直しましょう

もしあなたが、「今は疲れていて、したくないこともわからない」と感じるのであれば、毎日の中で何となく続けてしまっていることを見直しましょう。

私たちには、実はもうしなくてもいいのに、そして自分は少しも惹かれていないのに、惰性で何となく続けていることがあるものです。

たとえば、入会したけれど全然行っていないジムや、もう惹かれていないけれど続けている習い事はありませんか？

また、本当は買い物の必要がないのに、帰り道にあるコンビニやドラッグストアに毎日何となく立ち寄ったり、面白いと感じていないのに毎週見ている番組はありませんか？

一日を振り返って、思い当たることがあれば、それを１つやめてみてください。

そうすると、余分なエネルギーが１つ抜けます。その分だけ、ガス抜きされたように、感性が息を吹き返すのです。

あるいは、あなたのワードローブをあなたのハートに従って見直しましょう。

もう惹かれていないのに、「無難だから」「コーディネートが楽だから」という理由で、何となく着ている服を整理するのです。

「せっかく買ったし、もったいないから」「高かったから」等の理由で、もう着ないのにもっている服も思い切って手放しましょう。

それらの服は、今のあなたのエネルギーをフレッシュに表すものではありません。それらはもうすぎさって終わっている古いあなたのエネルギーの象徴なのですね。

その服を思い切って手放すことで、古い現実にあなたを縛りつけていたエネルギーが1つずつ外れていきます。すると、エネルギーがスムーズに流れだし、本来のあなたに戻りやすくなるのです。

また、「もらい物だから」「まだ使えるから」等の理由で、もう惹かれていないのにもっているものも手放しましょう。

小さなものからでいいのです。**何となく続けていること、何となくもっているものを見直すと、その分だけあなたのエネルギーはあなた自身に戻っていけるのです。**

感性のアンテナが息を吹き返すと、現実がやわらかくなるのがわかります

不要なものを1つ手放すと、感性のアンテナが1つ高く伸びます。

そうすると、今までキャッチできなかったときめきを、アンテナが感知できるようになります。また、多くの情報がアンテナにひっかかるので、自分が本当に惹かれるものがわかるようになります。

さまざまなことに気づけるようになり、「このダンスは楽しそうだからやってみたい」「この本を読もうかな」「こんな人と会ってみたい」と、心の中にはたくさんの「惹かれること」が生まれるはずです。ハートがよみがえるので、ときめきがわかるし、それにふれるものが引き寄せられてきます。

また、不要なエネルギーがなくなると、それだけあなたは息ができると感じ、自分自身のバイブレーションを見つけやすくなるでしょう。自分のことがよくわかるようになるので、「惹かれる」という感覚がわかるようになるのです。

これが、あなたが「本当の自分」に戻るための道、惹かれることをしていくプロセスの始まりです。

惹かれることをし始めると、すぐに現実がとても素敵な方向に動き始めていることを体験するでしょう。

駅に行ったら、どのタイミングでもちょうどよく電車が来て、ピタリとタイミングが合うようになったり、ちょうど知りたいと思った情報や会いたい人がベストなタイミングでやってくるなど、人生とあなたの心の呼吸が合ってくるようになるのです。

何となくこれ食べたいな、この食材が必要だなと思うと、お土産にいただいたり、「故郷から送られてきたから食べて」と誰かの優しさを通してあなたのもとにやってくるようになる、そんなシンクロニシティが増えてゆきます。心の中に生まれる「必要」を現実が迎えにきてくれるように満たしてくれるような現象が起きます。

エネルギーがあなたの中を流れるようになると、そのような「うれしい」「ちょうどほしかったの」というときめきがたくさん増えてくるのです。

幸運を肉体ごとあなたの生命が感じるので、力がみずみずしくあふれてくるような幸福感を味わうでしょう。これは本当の自分の光とつながったサインなのですね。あなたが外側に振り回されるのではなく、内側に意識を向けて、惹かれることを大事にして、もう惹かれていないことを優しく手放し始めると、あなたはあなた自身の豊かなエネルギーにつながり始めるのです。

こうなってきますと、「心」を変えたって、努力をしたって、ガチッと固まって変化をしなかった硬いあなたの現実が、あなたの心に沿ってスーッと変わり始める。現実があなたの想いに反応し始めて、やわらかくなってくるのです。

こうなると、人生はわくわくと、新鮮な力があふれて、あなたは生きる幸せを回復させ始めるでしょう。

今が忙しすぎて自分を見る時間がなくても、「私は自分のための時間を使う」と心に決めると、あなたの心に現実がちゃんと反応して、必要な時間ができてきます。

こうしたい、こうしよう、というあなたの心に、現実が呼吸を合わせてくれるのです。

人生は本来、あなたの心に応えてくれる。

その優しい生き方を始めてみませんか？

あなたが楽になると、まわりの人も楽になる理由

それまで握っていたエゴを手放し始めると、「エッ?」と思わず驚いてしまうミラクルが起こります。**あなただけではなく、まわりの人の人生も癒され始めるのです。**

あなたが「私は変わったの」「こんなことに気づけたの」と一切言わなくても、周囲の人はそれを感じ取ります。そして、なぜか自然によい方向へ変わっていくでしょう。

そして、時にはこんなミラクルが起こります。

Bさんには長年引きこもっている娘さんがいました。どんなに優しくしても、また逆に叱っても、娘さんに変化は見られず、「うるさい」と言われるばかり。ほとほと疲れ果て、とうとうBさんはこの問題は娘さんの問題として見ている限りヒーリングは起きないことを悟りました。Bさんは今感じ得る限りのフィーリングを感じては解き放ち、くり返し解き放ちました。すると、大切なことが思い出されたのです。

Bさんは質問してから、湧いてくるフィーリングを大切に手放し始めたのです。

　すると、しばらくすると、Ｂさんの心のスクリーンにＢさん自身のお母さまが見えたそうです。Ｂさんには子どもの頃からお母さんに伝えたいこと、わかってほしいことがたくさんあったことに気づいたそうです。それに気がついた時、突然ふき上げるような気持ちがあふれ、涙となってこみあげたのです。

　凍結していた〝気持ち〟が溶けたのでしょう。涙とともに胸の中が大嵐です。胸の中に押し込めていた感情が溶けてきたのです。

　まずはＢさん自身のお母さんへの怒り、怒り。それから強烈なさみしさ。子どもの頃、理解できず受けとめきれなかった心を押し込めていたとＢさんは気がつきました。

　引きこもっていたのは私の心だったと、Ｂさんは気がつきました。同時に娘さんももしかしたら同じ気持ちかもしれない、さみしかったのかもしれない。そう気がついた時、一条の光が見えた気がしたそうです。どうしてあげればいいか、わかった気がしたのです。

　そうやって家へ帰ると、なんと引きこもっていた娘さんが居間にいたそうです。突然、「働きたい」という気持ちが動いたのです。素晴らしいタイミングでしたね。**いのちはつながっているから、人はお互いで影響を与え合っているんですね。**

　あなたが気づくと、あなたのまわりの誰かが楽に優しくなれるかもしれません。

私たちという横糸と、天という縦糸で、美しい布が織られています

私たちと天は、美しく織られた布のような関係だと、聖母意識は教えてくださいました。布は、縦糸と横糸で織られていますね。その縦糸が「天」、横糸が「私たち」です。まっすぐ立ち、両手を横に広げてみてください。

天から頭上に降りて、大地に通り抜ける線が縦糸。両手を真横に通る線が横糸です。その縦糸と横糸が交差する場所に、私たち自身の光があります。そこが宇宙とつながる水源、魂と呼ばれる部分です。

縦線の上には、人間のエネルギーセンターである7つのチャクラが並んでいます。宇宙からのエネルギーを受け取るのが、この縦ラインです。このラインを通って直感やひらめきが訪れ、また、天からの愛がやってくるのです。

両手を通る横線は、私たちが生きる道、現実世界を表します。天から受け取ったエネルギーをこの世界で使う役目を果たすのが、この横のラインです。

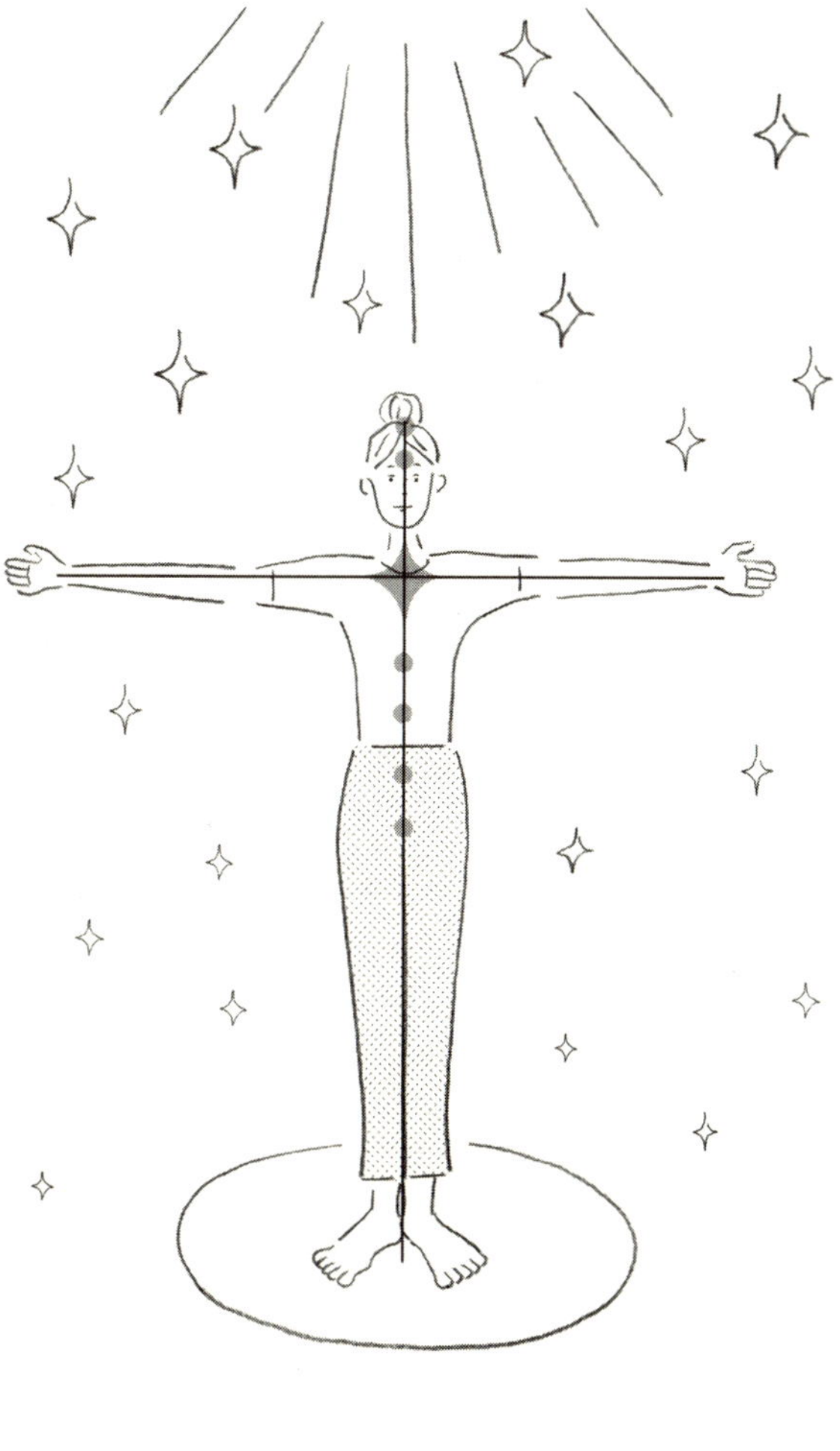

私たちがこの世界で何かをしようと思った時、手という道具が欠かせませんね。人と握手をする、何かを作る、ものを書く、誰かを優しくなでてあげる。すべて、大切な手の役割です。

この2本の糸が美しく交差して十字を作っていると、エネルギーがあふれて宇宙の法則に沿って幸せへと導かれていきます。美しく交差するとは、天から届けられる情報を日常生活で地に足をつけ生かしていくことです。

また、私たちの縦糸と横糸は、他の人と絡み合って織られていきます。

あなたという糸の隣には両親やパートナーが並び、お互いに影響を与え合っているのです。もちろん、その糸はあなたが会ったことのない人にもつながり、1つの大きな布となっていきます。

もし、一人の糸がずれたとします。すると隣の糸もずれていき、布にでこぼこや穴ができてしまいます。逆に言えば、1本の糸が正しい位置に戻ることで、他の糸も本来の位置に移動できるということです。ですから、Bさんの娘さんのように、私たちから見てびっくりするような出来事が起きるのは、ごく当然のことなのです。

この真理を、別の方向からお話ししましょう。

もし今、まわりの人が幸せに過ごしているなら、あなたの縦糸と横糸は自然な位置で交差していると言えます。

そばにいる人が笑顔で過ごしているか。日々輝きながら、よい方向へ変化しているように見えるか。それが、あなた自身の状態をチェックするポイントです。もしあなただけがハッピーで、まわりがそうではなかったとしたら、それは、一人よがりな勘違いをしている可能性があるのです。

でも、あなたが自分自身の光とつながり始めたら、きっと周囲の人がイキイキし始めるでしょう。

誰が強制したわけでもないのに、子どもが意欲的に勉強や部活に取り組むようになった、気難しかった上司が冗談を言うようになった、まわりで新しい習い事や仕事を始めた人が増えた、楽しい話題やうれしくなるようなニュースを教えられることが多くなった……。あたたかい幸せが交差して、愛が広がってゆく世界が現れます。

そのような癒しの連鎖、幸せの連鎖が起き始めた時、あなたの縦糸と横糸はきれいに交差しています。

心の「誤作動」を優しく溶かしていきましょう

魂の光を濁らせている曇りは、心にさまざまな「誤作動」を起こします。

ここから、私たちが起こしやすい2つの誤作動について見ていきましょう。

1つめは、「自分の望むことは、我《が》を張ることでしか得られない」という思い込みが起こす誤作動です。

自分が欲しいものやポジションを手に入れるには、がんばって自己主張しないと手に入らない。自分の望む現実は、努力して人よりも抜きん出なければつかめない。

そんな意識が古い地球意識なのですね。

もしそうだとしたら、それは心が誤作動を起こしたのです。こんな固定観念をもっていると、人はその観念に合った行動をとってしまうので気をつけましょう。

たとえば、虚勢を張る、「できる自分」になろうとがんばる、見栄のためにぜいたくな生活をしたり、打算で他人とつき合ったりする……。それらの行動は、心に苦しみを生みだし、時には、金銭面や人間関係でトラブルを起こす場合もあります。

本心から成長したいと思って努力するのであれば、問題ありません。また、身の丈《たけ》に合った範囲で、自分の心地よい生活をしたりおしゃれをしたりするのはとてもいいことです。

でも、**人に勝つことを目的としたり、人からの評価や賞賛を得るためだけに行動してしまうと、心にも人生にも不協和音を生んでしまうのです。**

そんな不協和音が生まれても、「だから、私はダメなんだ」と自分を責めないでください。「**ああ、今私の心は誤作動を起こしているのだな**」と気づけば、心に光が届きます。

誤作動を起こしている自分に、「そんな時だってあるよ。わかる、わかる」と寄りそってあげましょう。「我を張ってしまうのは、誰にでもあること。そこに気づければいいんだよ」と言ってあげましょう。

ネガティブな自分の意識と目を合わせて、「こっちにおいで」と手招きしてあげるような優しさで、心に触れていくのです。

すると、肩ひじ張ってがんばっていた心が、フッとゆるんで楽になっていきます。その時、誤作動を起こしていた心が癒され、光の方向へと進み始めるのです。

あなたの人生には、大海原が広がっています

光とつながることを妨げる心のブロック、心の曇りは、気づかないうちにあなたを制限する枠を作ります。

本来、私たちの意識は、広い海のようにどこまでも広がっています。このどこまでも広がる意識の海が、潜在意識です。**ふだんは気づいていませんが、私たちの意識は海のように果てしなく広いのです。**

ところが、心に曇りが生まれると、その海に枠が作られてしまいます。それで、本当は広大で快適な大海原に出ていけるのに、自由に泳ぎ回ることができなくなってしまう。

それはちょうど、せまい養殖網の中に魚が閉じ込められている状態に似ています。大きな海の本当に小さな範囲を切り取って、「私はこのスペースしか使えません」と言って泳いでいるのと同じなのです。

しかも、その網は自分自身がつくり出したものです。制限されたスペースの中にいると、

いつのまにかそのせまさが当たり前となってしまいますね。そのせまいフィーリングで生きるのが普通なんだと。

けれども、私たちの魂にはタイミングがあって、その自らがこしらえた制限を超えて拡大してゆく時があるのですね。

その時が満ちてくると、すぐわかります。

あなたの現実に窮屈なフィーリングが出てくるから、すぐわかるのです。

「何だかせまい」「もっと広がりたい」と感じて、今の限定された現実に違和感を覚えるのです。もし自分が枠の中に閉じ込められている存在なら、その先にもっと大きな自分の世界が広がっていると、中の自分が気づいた時ですね。理由はわからなくても、もしあなたが今の自分の現実に閉塞感や窮屈な感じを覚えているのなら、それは内面の純粋な部分のあなたが、広がる時が自分に訪れていることを知っているのです。

その閉塞感や居心地の悪さは、自分の何らかの心の制限に気づかせてくれるために出会っているから気づいてあげて、**自分の心が何につかまってきていたのかを丁寧に感じきってあげましょう**。感じきれば、エネルギーが自由になって、新しい広い可能性をもつ考えが出てきて、あなたの人生を自然に開いてゆくでしょう。

居心地よくないと思うものは、すべて自分で消すことができます

自分を閉じ込めていた制限の枠から出て、大きな潜在意識という「海」を自由に泳げるようになると、眠っていたあなたの才能や可能性が花開きます。そして、それがあなたを幸せにするパワーとなっていきます。潜在意識の中には、たくさんのよいもの、素敵なパワーが入っているんですね。

潜在意識の海には、あなたが過去世で積み上げてきた経験や情報も入っています。ですから、今世での経験を超えて、より大きな力が発揮できるようになるでしょう。

スポーツ選手が超人的な成績を残したり、芸術家がこの世のものとは思えない美しい作品を創造したりできるのは、潜在意識の力を十分に使えているからです。

また、私たちが不可能に思えることを達成したり、絶体絶命のピンチを切り抜けたりする時も、この潜在意識が働いています。

ですから、**自分の制限に気づいて1つずつ外し、潜在意識の海を開いてゆくと、自分で**

想像もしなかったようなあたたかい力が湧き、運命が活気づいていくのです。

潜在意識はすべての人とつながり、お互いに影響を与え合っているので、他の人や出来事を鏡としてとらえて、自分の制限に気づくこともできます。

たとえば、何気なく見ていたニュース番組さえも、あなたの制限に気づき、あなたを自由にしてくれるためのきっかけになるのです。

Cさんのエピソードをご紹介しましょう。

Cさんは、かねてからニュース番組を見て気になっていることがあったそうです。ある番組の女性キャスターが露出の多い服を着ていると感じて、「ニュースキャスターらしからぬ格好だ」と、いつも何となく不愉快になっていたそうです。

でもある時、現実が自分を映し出す鏡だと知ったCさんは、いつものようにニュースを見ながらハッとしました。

Cさんは気がつかれたのです。不快に思うということは、そこに自分の人生を縛り枠にはめている自らの考え方（固定観念）があるということを……。そこでCさんは、その不快で許せないと感じている自分をまずは受け入れ、自分の心を見つめていきました。

するとTCさんは、ニュースキャスターはもっときちんとした服を着るべき、こうあるべきと、何かを型にはめてしまう自分の思考に気づいたのです。その枠からはみ出るものはどうにも猛烈に許せないと感じていたのです。

それはCさんが、世の中に恥ずかしくないよう生きるべき、信じられるためにはこうするべきという、型に自分をはめて縛り上げていたこと、そこから少しでもはみ出ると猛烈に自分を責めていたことを……。

「恥」の意識が、自分の自由な表現をはばんでいたこと、大好きなこと、気持ちいいことを、私には責任があるのだから楽しんではいけないとブレーキを踏んでいたのです。そのことに気がついたCさんは、なぜかホッとしたと言います。羽根を広げるのを止めていたのは自分の心だけだった、と気がついたからです。

ああ、**もっと自由になっていいんだと、自分らしい表現をしていいんだ**と気づいて、許し始めたのです。不思議なことに、心が変わると世界が違って見えますから、気づいたとたん、それからCさんはテレビを見ていても、人の素敵さが見えるようになったそうです。

自分はそういう服は着ないけれど、このキャスターさんには似合うなぁ、と優しく見られるようになったそうです。世界が優しく見えるんですね。

前を向いて涙を流し、前を向いて笑いましょう

聖母意識との交流は、光とつながる生き方、自分にもまわりにもトゲを向けなくていい優しい生き方を私に教えてくれました。

その中で、大きな気づきを与えてくれたのが、「本当に泣いて、本当に笑いなさい」というメッセージです。

もちろん、それまでも私は十分に笑っているし、泣いていると思っていました。でも、光とつながって生きる時、どのように泣き、そして笑えばいいのか。その本質を私は理解していなかったのです。

本当の涙を流す時、私たちの命が回復していきます。

本当の笑顔がこぼれる時、光が表に出ていくように、道が開かれていきます。

それはどんな涙であり笑顔かというと、前を向いて流す涙であり、前を向いて浮かべる笑顔です。

生命には、自然に進んでいく方向性があります。それは、光に向かう方向、前に向かう方向です。その真理を、私たちの体が一目瞭然で表しています。

あなたの体を見てみてください。

前進するために、つま先は前を向いていますね。まっすぐ前を見るために、目も前を向いてついていますね。

これが、生命の自然な姿であり、本来の魂の向きなのです。

でも、私たちの心は、時に立ち止まったり、後ろを向いたりすることを選択してしまいます。すると、エネルギーの供給がストップして、苦しくなってしまうのです。

私たちが前向きでない涙を流す時、人のせいにしたり、自分を哀れんだり、悔しがったり、誰かを恨んだりしています。そのようにして流した涙は、現実を溶かすことができません。ですから、また同じ出来事を引き寄せ、負の連鎖を呼んでしまいます。

本当の涙、前向きに流す涙は、現実を癒す涙です。

たとえば、誰かに傷つけられたとします。あなたは、とても痛かった、つらかった と感じるでしょう。その時、相手を憎んだり恨んだりするのではなく、こんな涙を流していただきたいのです。

本当に泣いて、
本当に笑いなさい。

本当の笑顔で、
人生を優しく癒していきましょう。

「今とてもつらかった。でも、このことで私は何が学べるのだろう。どんなことに気づくためにこの出来事は起きているのだろう」

「悲しくて仕方がない。でも、ここからもっと優しくなるためには、何を変えていけばいいのだろう」

やがていつか振り向いた時に、「あのことがあったせいで苦しんだ」とならずに「あのことがあったから、私は幸せに変われた」と胸にあたたかい感情があふれるような涙。

とても苦しいけれど、その苦しさを受けとめ、前を向いて涙を流す。その涙は、あなたの魂をきれいに洗う涙になります。そして思いきり泣くとすっきりして、自動的に現実が癒され、新しい体験が始まります。

本当の笑顔も、あなたの現実をほどいて光で照らしていきます。

笑いにもいろいろな種類がありますね。人を馬鹿にした笑い、うわべだけの作り笑い、場をごまかすための愛想笑い。それぞれにバイブレーションがあり、現実に影響します。

そんな笑いは、もう優しく手放す時です。

心があたたかくなる笑顔、あなたの魂から生まれた笑顔、人を慈しむ愛に満ちた笑顔

……。そんな笑顔で、人生を優しく癒していきましょう。

光とつながった本当の涙、本当の笑顔は、強力なエネルギーを放射して、新しい現実を引き寄せ、前へ進んでいくエネルギーを与えてくれます。

そして、その涙や笑顔を生んでいく力を、あなたはもっているのです。

第3章

光とつながる日々の暮らし方

光とつながるための
今すぐできる5つの実践法

毎日の中で光とつながっていくために、実は、ちょっとした工夫や行動であたたかい光への扉が開きます。日常で簡単に取り組める方法をいくつかご紹介しましょう。

＊あたたかいイメージをもつ

心の中のフィーリングが動くと、感じている通りの波動・エネルギーがあふれます。今何も幸せなことが起きていなくても、あなたの心があたたまるイメージを心の中で想像してみてください。

たとえば、動物が好きな方は、動物を優しくなでているイメージを心でつくってみましょう。それ以外でも、こうありたいなという考えつく限りの幸せな映像を心の中に映してみましょう。

あなたの心が優しくなり、幸福感があふれるようなイメージをもって、心をあたためま

しょう。「かわいいなぁ」「優しいなぁ」「素敵だなぁ」と、あなたの心があたたまる映像なら、どんなイメージでも大丈夫です。

そこから、あなたの中に生まれてくるあたたかいイメージを心で受けとめながら、数回深呼吸してみましょう。あなたの周波数が、光に向かって上がっていきます。波動を上げたい時にはとてもいい方法です。

＊アファメーションする

「あ、気分が落ちてるな」と思った瞬間、次のアファメーション（自分への肯定的な言葉）を唱えてください。

「私は、私自身の愛のエネルギーにつながります」

声に出して何回か言うと効果的ですが、心の中で唱えても大丈夫です。言葉のパワーによって、光にスッとつながれます。

ネガティブな気分は、そのエネルギーを反映した現実を作っていきます。そうなる前に、このアファメーションでエネルギーを変えましょう。急に気分が落ち込んでしまったり、不安がドッと押し寄せてきたりした時におすすめの方法です。

＊体をゆるめて汗をかく

エネルギーが落ちていると、細胞の1つひとつもガチッと固まってしまいます。そんな時は、まず体をゆるめてあげましょう。

もっとも効果的なのは、汗をかくことです。温泉に行ったり、家で半身浴をしたりするのもいいでしょう。私は、岩盤浴によく行きます。

スポーツで体を動かすのもおすすめです。そうすると、細胞の中にたまった古い概念や固定観念が汗と一緒に消え、魂の曇りが取れていくでしょう。

汗をかいて体がゆるむと、光を感じやすくなります。ですから、イメージやアファメーションの力がうまく使えない時は、汗を流したあとに心のあたたかいところを意識しながら、もう一度トライしてみましょう。すると、スムーズに光とつながることができます。

＊磨けるものは全部磨く

掃除は、光とつながるためにとても効果的なワークです。

運命がうまく流れないなという時、鏡や窓ガラス、部屋に飾っているオブジェなど、磨

けるものは全部磨いてみましょう。床や家具を拭いてもいいですね。

まさに、自分自身の魂の曇りを実際に取っていくつもりでやってみてください。

それだけで、なぜか楽になって光とつながりやすくなります。

私が上京した当初、知り合いが誰一人おらず、寂しくて落ち込んでばかりいた頃がありました。エネルギーを変えるには掃除がいいと聞いてはいたものの、何となく実行していなかったのですが、ある日ふと思い立ち、いつもより丁寧に掃除をしてみたのです。このつらさから、何とかして抜け出したいと思ったのですね。

窓を磨き、鏡を磨いて、持っていたアクセサリーもすべて磨きました。磨いているうちに涙があふれ、泣きながら1つずつ磨いたのを憶えています。

磨けるものは全部、丁寧に磨き終わった時、心が澄み渡るようにスッキリとして、寂しさや不安が消えてなくなっていきました。そして、「何だか私、がんばれそうだ……」という気分がやってきました。

その直後、いろいろな方との出会いがあり、運命が動き始めました。そのきっかけが、掃除をして物を磨くという簡単な行為だったのです。

＊肉体に心地よさを与える

あなたの肉体を心地よさで満たしてあげましょう。楽しいと思うこと、自分の好きなことをして、心がリフレッシュする感覚を自分に与えてあげるのです。

あなたが女性であれば、ワードローブの中から、大好きな服、着心地のよい服を選んで着てみるのもいいですし、新しい服を買うのもよいでしょう。

服を選ぶ基準は、「着ていて自分自身が心地よいかどうか」ということです。「高価だから」「ブランド品だから」という理由では肉体は満たされません。ですから、あくまでも心地よさを基準にしてくださいね。

髪型やメイクを変えたり、いつもは選ばない色を身につけたり、ネイルをしたりしておしゃれを楽しむことも、光とつながるためのエネルギーチャージにつながります。

他にも、おいしいものを食べに行く、美術館や自然の中に行く、ホテルでお茶をするなど、気分が上がることなら何でもかまいません。**体が喜ぶことをやってあげましょう。**くぐもっていたあなたの光が、表面にパーッと出てきますよ。

快適で楽しい気分になった時、深呼吸しながら「これがあなただよ」と自分に教えてあげましょう。すると、心の深い部分が光とつながり、ますます力強く輝けるでしょう。

心に天からのメッセージを受け取る「部屋」を作りましょう

楽しみながら光とつながり、情報を受け取るためにおすすめの方法があります。
それは心の中に１つの「部屋」を作っていただくことです。イメージで、あなたが居心地よく落ち着ける部屋、大好きだと思う部屋を作るのです。やり方をお教えしましょう。

1. **ゆっくりできる時間をとり、リラックスして目を閉じましょう。そして、あなたがこんなところで過ごしたいと思うお部屋をイメージしてください。**

ログハウス風でも、モダンスタイルでも、北欧風でも、あなた好みの雰囲気とサイズで大丈夫です。何色のカーテンがかかっているか、どんな小物や観葉植物があるか、窓からの光はどのような雰囲気か……など自由にイメージして、理想の部屋を作りましょう。

2. **部屋の中に椅子を２つ置きます。あなた好みの椅子をイメージしてください。**

「これだ」という部屋が決まったら、そのイメージを心の中に定着させてください。目を閉じたら、すぐにその部屋が浮かぶようになるまで、何度かイメージをくり返すのです。

目を閉じるたびに違う部屋が出てきたり、そのつど新しく部屋を作らなければならない場合は、まだ宇宙とのつながりが弱い状態です。部屋のイメージを心の中に定着させることで、あなたのエネルギーが集中し、光の世界とつながります。そして、そこに光の存在がアクセスできるようになるのです。

この部屋が、天からのメッセージを受け取る場所となります。

3. メッセージを伝えてくれる存在をイメージしましょう。

お気に入りの歌手や俳優、ファンタジーや小説の登場人物、アニメのキャラクターなど、あなたの好きな人でかまいません。自由に想像してください。その人物があなたのガイドスピリットの投影となります。ガイドスピリットとは、あなたを導いてくれる存在です。

目を閉じて、その存在と椅子に向かい合って座ります。そして目の前の存在に、あなたの思っていることを話していきます。「今こんなことで悩んでいるのだけど、どう思う？」など、本来自分のガイドに聞きたいと思っていることを何でも聞いていきましょう。

最初は、「こんな答えが返ってくるかな？」と、ある程度は自分で答えを想像しながら進めていく形になるでしょう。でも、そのやりとりが「呼び水」となります。何回かそうやって会話をくり返すうちに、宇宙からの情報が本当に流れてくるようになるのです。

「私には、そんな能力はないもの」と思うかもしれませんね。でも大丈夫ですよ。

私たちは、誰もが光とつながっています。ですから何回かトライすると、必ずあなたのガイドとつながることができます。最初は自分で相手のセリフをつくっていたはずなのに、どんどんイメージが育って、ふと、驚くほどの知恵があなたの中から出てきます。

必要だと感じる時にこの部屋に行き、メッセージを受け取ってください。慣れてくると、現れる存在の人数が増えたり、登場する人の姿形が変わることがよくあります。**はじめに想像した人物ではなく、本当にあなたを導いてくれる存在により近い姿で現れるようになるのです。**あなたの心にある光の領域から、映像が映し出されるようになるからです。

このように、宇宙とつながる時間をもつようにすると、心の感度が上がっていきます。そして、現実世界で何かが起こる前に、その現実を起こす「波」（エネルギー）をキャッチできるようになるでしょう。何よりも、あなたにメッセージを伝えてくれる光の存在が一番の味方でいてくれることを、強く感じられるようになるでしょう。

人生のステージが変わる時、心の部屋も広がります

私自身が光の存在とつながるために作った部屋について、お話ししましょう。それは、はじめは「森の中の小さい家」と呼ぶのがふさわしい、小さくてかわいい部屋でした。でも、必要なものはすべて手が届く範囲にある、居心地のよい空間でした。

ところがある時、その部屋に向かうと、いきなりオーストリアのシェーンブルン宮殿のように大きく豪華なお屋敷になっていたのです。私はとても驚き、戸惑いました。

すると、ガイドがこうおっしゃったのです。

「次のシーズンが始まろうとしています。あなたは新しいステージに向かっているのです」

でも、私にとって、それはとても広すぎて落ち着かない空間でした。そう伝えると、「これからあなたは、さまざまなエネルギーをもった存在をここに招き入れて交流し、彼らからの情報をこの地球上の人たちに伝えていくことになります。そのために、これだけの心の広さが必要なのです。この宮殿の広さに慣れてオーラを広げてください」と、ガイドは

おっしゃいました。私は、自分の役目に次の流れが来ているのだと理解し、その広い部屋に自分自身をなじませていくようにしました。

すると、その直後から、実生活でも変化が起こり始めました。

新しいお客様や仕事のおつき合いが急激に増えたのです。仕事の内容も多様になり、さまざまな情報を出さなくてはいけない流れになりました。

その部屋でただくつろいでいたいと思っていた時は、そのように変化に富んだ仕事をさせていただけるとは想像もしていませんでした。でも光の存在は、実際に起こることを先に教え、心の準備をさせてくれたのです。

このように、**必要な情報は必要な時に必ず来るようになっています。あなたは必ず、その情報をキャッチできます。**イメージを通して宇宙とつながる力を誰もがもっているのに、今まで私たちが使ってこなかっただけなのです。

イメージに慣れるまでは、自分自身で想像をめぐらせるプロセスは必要です。

でも、**遊ぶように楽しんでいると、必ず光からのメッセージがやってきます。**

それは、あなたの幸せな明日へとつながる言葉ですから、そのつどメモをとりましょう。

あとから読み返すと、なるほどと納得できる言葉をたくさん発見できるでしょう。

光とつながるために、立ち居振る舞いにも留意しましょう

聖母意識とつながりを持ち始めた当初、まだ精神的によちよち歩きだった私を導くために、私がどこで何をしていても、聖母からのメッセージが届けられました。

それは、物のもち方や声の出し方、目線の配り方、お辞儀の仕方まで、立ち居振る舞いすべてに及びました。

たとえばある時、**「物は無造作にもつのではなく、〝もった物までが自分自身だ〟という意識でもちましょう」**と、聖母意識はおっしゃいました。

「物のもち方次第で、光とつながれるの？」と、不思議に思われるかもしれません。

でも、自分のことをぞんざいに扱ってほしいと思う人はいませんよね？

バッグや小物、ハンカチや小さな文房具までも自分だと思って、優しく触れてみてください。そうすると、その物質がもつ周波数があなたの優しさに反応します。そして、その物自体も光の存在と一緒になって、あなたに優しさを送ってくれるようになるのです。

私たちが生活する空間にあるすべてのものに、固有の周波数があります。

コップにも、机にも、パソコンや洋服にも、そして、私たちの体や、臓器の1つひとつにも。

あなたを取り巻く物すべてを丁寧に扱うことで、それらがあなたの優しさに共鳴します。

そして今度はその物たちから、あなたへのギフトやメッセージが届けられるのです。

目に見える物質だけではありません。たとえば外にいる時、**「風さえも自分だと思ってみましょう」**と聖母意識は教えてくれました。

それは、自由に吹く風を「大きく広がった自分だ」と思うこと。もし外で誰かと話しているのなら、風を意識の中に取り入れながら、声を出していくということです。

すると、風があなたの味方となって、必要なメッセージを届けてくれます。また、今風が吹くといいなと思う時、必要な風が吹いてくれるようになります。

なぜならすべてのものが、ひとつにつながっているから。

だから、あなたの意識や立ち居振る舞いが優しい世界を作るのです。聖母意識はそのように教えてくださったのです。

後ろ向きな生き方は、居心地が悪くて当然です

10数年前のちょっと面白い体験をお話ししましょう。友人たちと食事に出かけた時のこと。レストランまでの道のりを歩いている時、ゲームセンターの横をたまたま通りかかったのです。その時、ゲーム好きの友人の提案で、時間もあるし、少しゲームを楽しんでからレストランに行こうということになりました。

友人たちは楽しそうに、上手にゲームをしていましたが、実は、私はゲームがとても苦手。それらで遊ぶという経験があまりなかったため、すっかり出遅れてしまいました。でも、せっかくだから冒険して、私でも楽しめそうなゲームをしてみようと、簡単そうに見えたカーレースのゲームに挑戦してみました。

ところが、どこをどうすればいいのかわからないうちに、あれよあれよという間に、なんと車が逆走してしまい、友人たちの笑いを誘ってしまいました。

「画面に〝逆走〟なんて文字を出した人を見たのは、あなたが初めてよ」と。

けれども、その時私の感性は、別な気づきを得ていました。

そのカーレースゲームは体感型だったため、向きが違い、本来進むべき道でないところを通っている時、「ガガガガ」と椅子が揺れて、とても不快な感覚に包まれるのです。

椅子とハンドルが揺れるたび、焦って、言葉にならない嫌な感覚が生まれます。

言葉にならないその嫌なフィーリングを感じた時、私はこの感じを知っていると思いました。「このフィーリング、人生と一緒だわ」と思ったのです。

これはゲームの話ですが、私たちの人生でも本当はこのフィーリングが存在します。

つまり、**本来進む方向へ向いている時は、「体」の感覚もスーッとスムーズで、気持ちいいフィーリングがあります。**

けれど、本来進むべき道ではなく、運命に逆走していると、人生でも、不快で居心地悪く焦るようなフィーリングが体で感じられます。私はそれを体感して、うなずいてしまいました。体もいのちも、進む方向をちゃんと知っているんだなと……。

それ以来、私は人生の導きとして体の感覚を尊重するようになりました。

体が気持ちよくてすがすがしいのは、魂にイエス。体が不快なのは、魂にノー。

感覚は知っているのです。

マイナスな気分になった時は、10分間の「悪いことタイム」を

毎日、あなたの望んでいることに焦点を合わせましょう。けれども、ネガティブな気分になることや、みにくい自分の感情に出会って、嫌になることもありますよね。

そんな時、気持ちのいいすがすがしい自分で生きるために大切なことは、マイナスな感情があふれていることに気づいたら、その感情を否定したり、「こんなことを考えちゃいけない」と抑圧しないことです。そうしてしまうと、ずっとその不快感はあなたの中で巡り続けてしまいますから、自分のことを嫌な感情も含めて、大切に包んであげられる優しい時間を用意してあげてください。

心を受けとめてあげることは、苦しみの原因をほどいてあげることなのです。

たとえば、10分ほどの時間を用意してあげましょう。

天使に戻るための10分間の「正直タイム」をもつのです。この10分間だけは、どんなに悪い感情が出てきても、憎しみや恨みが出てきても、そのまま出してあげましょう。

この時間内だけは、遠慮は要りません。心の中で思い切り文句を吐き出しましょう。悪いと感じてしまう自分の側面を、やわらかくときほぐしてあげるのです。

私たちの中には、たくさんのストレスがあります。けれども私たちは、自らの痛みやみにくさを扱うことに慣れていません。だから、感じることに慣れておらず、自分のマイナス感情を氷のように凍結して固めてしまいます。この固まりが内面にとどまったままだと、私たちはどうあっても、自分を尊敬したり、好きになったりすることができないのです。

だから、自分を好きになるために、自分を尊重するために、大切に扱ってあげるために、10分間の正直タイムをもちましょう。この10分間は、どんな悪い自分を出しても大丈夫と決めて、嫉妬している自分も、人と比べている自分も、文句いっぱいの自分も、大きくてやわらかく優しいもので、そっとくるんであげるのです。そして、**「そういう気持ちになる時があるのもわかるよ」と、自分に言ってあげてください。**「痛かったんだね。認められなくて苦しかったんだね。わかるよ」と、あなたの心をわかってあげてください。

「そんなこと考えちゃダメ。こうしちゃダメ」と、自分と戦うことを優しくやめて、否定するのではなくわかってあげて、その激しい言葉の裏のつらさを受けとめられると、人は自然に天使に戻るのです。天使に戻る10分間、試してみませんか？

ノートを使えば、感情は自然と消えていきます

「天使に戻るための正直タイム」では、ノートを活用するのもおすすめです。

自分の感情を自覚するために、「起きた出来事」と「ネガティブな感情」を正直に書き出すのです。**三次元に出したエネルギーは、自然と消えていきます。ですから、実際に書いて、自分の外に出すことに意味があるのですね。**

でも、はじめのうちは、いったん外に出した感情をもう一度つかんでしまうことがあるかもしれません。嫌だったことを何度も思い出して、また傷つき直してしまうのです。

そんな時は「この感情は消えるために出てきている」ということを忘れず、くり返し書いていきましょう。すると、ズキッとする痛みが、しだいに「チクッ」に変わり、そのうち痛まなくなり、いつしかノートを書いていたことも忘れるくらいになります。

実は以前、私もこのノートを書いていた期間がありました。以前は毎日書いていました。思いつくたび、心が苦しむたび、自分の苦しみをノートに写し取るように、出た感情を書

き、また出たら書きと、くり返していました。それほどひんぱんに使っていたノートなのに、いつのまにか引き出しにしまっている私がいました。だんだん必要としなくなったからです。

引き出しから昔のノートが出てきた時、懐かしいと感じて久しぶりに見てみると、今の私は昔と同じシチュエーションを体験しても、当時の感情はすでに出なくなっていることに気づいたのです。たとえ同じ感情が出てきたとしても、曇りに気づかせるために出てきてくれたとわかるので、「ご苦労さま」と愛で受けとめ、消すことができます。

これは私に限ったことではありません。どんな方でもできるのです。最初は、時間をかけて自分の心を見てあげられたらいいですね。そのために「正直タイム」は必要です。でも、そこでネガティブな感情を表に出してあげるだけで、必ずそれは終わるのです。

そうはいっても、そのあとも、似ているシチュエーションが起きることはあるでしょう。しかし不思議なことに、心が解放されますと、以前はあれほど気になっていたことに、あなたは反応しなくなっているはずです。

昔の自分はそのことで傷ついていたけれど、今の私は違う。そうわかっているからです。そして気がつくと、いつしかノートが要らないあなたになっているでしょう。

うまくいかない人間関係を通して光とつながる方法

あまりうまくいっていない人間関係を通して、光とつながる方法もあります。

苦手な人の「こういうところが嫌い」「いちいち腹が立つ」「すごく嫌！」という思いをすべてノートに箇条書きにしていく方法です。嫌なのだけれども逃げられない……。そんな相手がいるなら、ぜひトライしてみてください。

ただし、書く前に必ず**「どうか私の魂の本質を見るために、お勉強させてください」**と祈りを捧げてくださいね。それが終わってから、もうこれ以上出ないと思うまで、その人に見える嫌いな部分をまずは書いていきましょう。

「いやみな言い方が嫌」「私のペースを大事にしてくれない」「常に自己中心的で私をコントロールしようとする」……。たぶん、ネガティブな言葉がたくさん並ぶはずです。

次に相手の嫌なところを、「こうだったらうれしい」という言葉に変換していきます。

「優しい言い方をしてくれるとうれしい」

「私のペースを大事にして、それに合わせてくれるとうれしい」

「私の立場に立った見方をしてくれるとうれしい」

それができたら、今度はそれらの言葉を自分に向けるのです。つまり、「〇〇してくれたらうれしい」という言葉通りのことを、自分にしてあげるということです。

実は、**相手がとっている嫌な行動は、あなたが自分に対してしていることなのです。**

たとえば、相手がきつい言い方をあなたにしていたとしたら、あなたは潜在意識で自分にダメ出ししたり、きつい言葉を投げたりしているということです。それが苦しいから、他人を通して、あなたに「もうやめようね」と教えるためにその現実を作っているのです。

ですから、あなたの中からその周波数を変えていきましょう。

「他人を責める周波数」を「うれしい周波数」に変換していくのです。人を責めるのではなく、あなたがうれしいと感じる思いを自分に向ける、ということです。

「大丈夫、失敗は誰にでもあるよ」「マイペースでいいから」「必ずよくなっていくよ」

そんな優しい言葉を自分で自分に言ってあげましょう。すると、あなたの周波数が上がり、傷ついたオーラがすこやかに回復していきますよ。

光とつながるイメージで出会うと、人間関係はうまくいきます

仕事でもプライベートでも、人と会う時には「その時」「その人」に「その場」で会う意味があります。そのタイミングとその場所で、他の誰でもないその相手と会う必然性があるのです。

そのように貴重な時間と空間を素晴らしいものにするために、していただきたいことがあります。光とつながっているイメージをもって、その場に臨むということです。

光とつながる感覚は、あなたの魂を喜ばせます。それだけでなく、その場にいる相手にとっても心地よくうれしいエネルギーを送ります。なぜなら、私たちの魂はつながっていて、影響し合っているからです。**お互いが光につながっている時、そこにもっともいい時間、素晴らしい仕事、うれしい体験が生まれます。**

でも、あなたは、自分を過小評価して萎縮した気持ちで、人と会ったことはありません

か？　あるいは、上から目線で相手を見下しながら、ともに時間を過ごしたことはありませんか？

自分を卑下したり、逆に傲慢になったりすると、光との道がさえぎられてしまいます。同じ魂として、お互いに光につながっている。そんなイメージが大切です。

光につながっているのは自分だけでいいと思ってしまうと、偏《かたよ》りができてしまいます。ですから、自分の魂が喜び、相手の方の魂も喜んでいる。それぞれの魂が光につながって満ち足りているとイメージしましょう。

するとその場に、波動の高いエネルギーフィールドができあがります。そこにいるそれぞれの人から、とても有意義で高いエネルギーが出てきて、楽しく充実した時間を過ごせるようになるのです。

「あの人と会えて、今日はとてもいい一日だった」と思えるような空間を体感すると、さらに素晴らしい体験や人とのご縁を引き寄せるようになります。

光とつながるイメージは難しくありません。**目を閉じて深く呼吸し、「私は光とつながっている」とイメージしましょう。**するとすぐに、あなたの光とつながることができます。

その状態で人と会うことが、幸せな人間関係を築く秘訣なのです。

セルフメイキングノートで、理想の周波数をキャッチしましょう

この本では、光とつながるためのさまざまな方法をご紹介しています。その中であなたがもっとも惹かれる方法、自分に合っていると思う方法を、ぜひ試してみてください。

でも、もしかすると、「何をどのようにすれば、光とつながる周波数をとらえられるかわからない」「心に余裕がなくて、自分の夢や希望すらわからない」と感じることもあるかもしれません。

そういう時にぜひおすすめしたいのが、**「セルフメイキングノート」**です。

私たちはみんな、セルフイメージ通りの人生を歩んでいると言えます。たとえば、あなたが思う自分の姿が、「人づき合いが苦手で引っ込み思案」「お金がなくて毎月四苦八苦している」であるなら、その通りの結果が現実となってしまいます。でも、**そのセルフイメージはあなたの「思い込み」ですから、自分で書き換えていくことができるのです。**

そのためにぴったりな方法が、セルフメイキングノートを作ることなのです。

まず、心がウキウキするようなきれいなノートを1冊用意しましょう。そして、そこに「こんな自分でいたい」と思う言葉や、自分が幸せだと思う状況を書いていきます。理想の状態を表す写真や雑誌の切り抜きを貼ってもいいですね。また、憧れの女優さんや行ってみたいと思っている場所の写真を貼るのもいいでしょう。

なるべく、見開きですべてが目に入るようにして、朝起きた時に必ずノートを開いて見るようにします。

「私はこんな人間なんだ」「これが本当の望みなんだ」と自分に伝えてあげるのです。

1、2分で大丈夫です。ノートを見て幸せな波動を感じ、自分がどういう方向に行きたいのかにピントを合わせましょう。そして、その幸せで充実した感覚をもちながら、次の一歩を踏み出してください。

「じゃあ、ちょっとお茶でも飲んでほっこりしよう」といった小さなアクションでもかまいません。満ち足りたひと時をもてると、あなたの魂から充実したエネルギーが放射され、新しい周波数をキャッチします。理想のイメージ、充実したイメージを感じながら行動すれば、望む通りに現実を動かすことができるのです。

朝起きた瞬間に、幸せの周波数に合わせましょう

今日、目覚めた瞬間、あなたはどんな気分だったでしょうか。

起きるやいなや、することが頭を駆け巡り、反射的にガバッと起きたかもしれません。あるいは、ボーッと何も考えず、惰性で布団から出たかもしれません。

でも、**起きる前に、自分の気持ち、周波数を少し感じてみていただきたいのです。**

「あぁ、もう朝か……」「もっと寝ていたいな」という時もありますね。何だか疲れが取れてないという時、それも周波数です。エネルギーなんです。

たとえば、眠る前に瞑想やお祈りをしてあたたかい気持ちを感じ、「これが私だ」と思って眠りについたとします。でも、朝起きたらネガティブな気持ちになっていた……。これはよくあることですが、あなたが悪いわけではありません。理由があるのです。

私たちの意識は深いところでつながっています。これまでの慣れで、みんなが共通してもっている潜在意識に眠っている間にアクセスして、無意識のうちに周波数を合わせてし

まったからなのです。

でも、その理由に気づいていれば大丈夫です。目覚めた時に気分が重ければ「あ、また私らしくないエネルギーにつながっていたかな」と気づき、すぐに周波数を自分で変えて、光につながることができます。そのために、セルフメイキングノートを活用してください。

また、起き出す前に、布団の中であたたかいイメージを感じてもいいですね。あるいは、起きたあとに、あたたかいミルクやお茶を飲んだり、おいしい朝食を食べたりして肉体を満たし、その幸せ感の中で「今日の周波数はこんな感じよ」と意識するだけでもかまいません。**「今日はいいことがありそうだ」という幸運な感覚、軽やかな感覚を意識してみましょう。**

就寝前と朝は、光につながることを意識できるとても大事なチェックポイントです。

すべての仕事を終えて眠る直前と、朝の目覚めのふわふわしている時、どちらもとても潜在意識につながりやすい状態だからです。

特に朝は、その日一日を決定づけるほど大事。

あなたがホッとする周波数、幸せになれる周波数をとらえて、光につながるスイッチボタンを押してあげましょう。

宇宙に質問して「光のキャッチボール」をしましょう

光とつながるとても素敵な方法があります。**知りたいことを宇宙に投げかけて、答えを返してもらう方法です。私はこれを「光のキャッチボール」と呼んでいます。**

質問を投げかけると、たとえそれを忘れていても、宇宙は必ず返してくれます。どんなふうに返してくれるのか、私の身近なある女性のエピソードをご紹介しますね。

親しい者同士で久しぶりに集まり、旅行した時のことです。近況報告をしていると、ある女性が「今、戸惑いながらもがんばっていることがある」と話し始めました。でも、どんなにがんばってても認めてもらえず、実際に動いて汗を流している人ではなく、肩書きのある人だけが優遇される状況に憤りを感じている、というのです。愛をもって仕事をしている彼女は、一番大切にされるはずの人々に愛が届かないことに心を痛めていました。

私は、彼女に光のキャッチボールの仕方を教えました。それは次のような手順です。

まず、心の中で知りたいことを強く意識します。この時、神様に手紙を書くつもりで、感情を交えず質問を明確にすることがポイントです。質問をしたあとは、いったんその問題について忘れます。そして、「今」を大事にしながら目の前のことに集中し、丁寧に過ごしていきます。そうやって毎日を送っていると、**外に見えるものや聞こえるもの、心に浮かぶことなどを通して、神様（宇宙）が答えを返してくれます。**

その日は他の人もいたので、この話はそこで終わり、次の話題へと移っていきました。

翌日の帰り道、みんなでお土産を買っていた時のことです。

突然、先の女性が、「こっちへ来て！」と、私をお店から連れ出しました。ついていくと、普通はまったく気づかない場所に、小さなプレートがかけられていました。彼女は、引き寄せられるように気づいてそれを指差し、「すごくいい言葉が書いてあるよ。こんなふうに生きたいと思わない？」と言うのです。

そこには、「最善を尽くせ。しかも一流であれ」と書かれてありました。

ハッと思い当たり、私が「もしかして、昨日、質問を明確にしてみた？」と聞くと、彼女は「した、した！」と即答しました。何を質問したのか、私は知りません。しかし彼女が言うには、「まさに質問の答えそのもので、鳥肌が立った」とのことでした。

質問をただ投げかけるだけで、このように宇宙は必ず答えを返してくれるのです。

宇宙からのメッセージを受け取るにはコツがあります

光のキャッチボールで答えが返ってくるパターンは、いろいろあります。人から聞いた話が大きなヒントになったり、テレビやラジオで「あれ？」と胸に響くような言葉が出てきたり、ふと目に飛び込んできた看板やポスターに答えがあったり。あるいは、ハッとするようなひらめきが来たり……。

どんな形であれ、必ずあなたの胸にピンと来る感覚があるはずです。

明確な答えを受け取るために、注意する点が2つあります。

1つは、**質問をはっきりさせること**です。あいまいな質問には、宇宙はあいまいな答えしか返せません。**自分の人生の何が変われば幸せになれるのか。自分の夢や目標を叶えるために、何を求めているのか。それをまずはっきりさせましょう。**それが、宇宙からメッセージを受け取り、自分で自分を救っていくための最初の糸口になります。

「○○するための答えをください」

「○○の方法を教えてください」

こんなふうに祈ってみましょう。

もう1つのポイントは、**答えを探そうと力まないこと**です。

答えはどこにあるのかとキョロキョロしていると、本当の答えではないメッセージを「これが答えね！」と勘違いすることがあります。自分のエゴが入ってしまうので、光とずれてしまうのですね。

ですから質問をしたあとは、いったんそれをふわりと忘れましょう。そして、今いるところで今やっていることを大事にしながら、フワッと力を抜いてみるのです。

そうすると、なぜか向こうから答えが飛び込んできます。

いつも通っている道なのに、なぜかその日だけ気づいたポスターに答えがあった。たまたま紹介してもらった人から重要な情報をもらった。そんなことが起きるのです。

先のエピソードのように、旅行先で光のキャッチボールをする際には、その土地の神様とつながって、答えを返していただく方法があります。

その土地の地酒を、神様に捧げる御神酒《おみき》としていただくのです。たくさんいただく必要はありません。御神前でいただくほどの少量で十分です。

地元の米や水で作られる地酒には、その土地から湧き出ているエネルギーが詰まっています。そのエネルギーを神様に捧げるような気持ちで地酒をいただくと、あなたのオーラがその土地の神様とつながります。その土地の神聖なエネルギーに、しっかりグラウンディング（地に足をつけること）できるのですね。

そのあとは、その瞬間を楽しみながら、丁寧に過ごしていきます。それだけで、宇宙からの答えがあなたに届いてくるでしょう。

光から受け取った答えは、あなただけでなく周囲の人の助けやヒントにもなります。

実際、先の女性が受け取った答えは、この時、私の心にも響き、大きな気づきを与えてくれました。苦しみながらも尊い汗を流し、1つの世界のプロフェッショナルとして顔を上げて人生を歩む彼女の生き方が、目に見えない愛の世界から応援されている気がして、私の胸も励まされた思いでした。

たとえ今、差し迫った悩みや心配事がなくても、夢や目標を叶えるために、ぜひこのキャッチボールをしてみてください。**「私は○○をしたいと思っています。実現するヒントをください」**とお願いするのです。

宇宙はあなたを応援するために、喜んで導いてくださいます。

色や音を使って光とつながる方法

あなたが最高に幸せな状態を色で表すとしたら、何色でしょうか。

好きな色や、ふだんよく身につける色はちょっと横に置いて、自分の心に聞いてみてください。

癒され切ったと言ってもいいくらい癒されていて、完全に宇宙とつながり、光に満ち満ちて、どこまでも心が拡大していくようなあなた。そんなあなたは、いったいどんな色を放っているでしょうか。

ゴールド、ピンク、パープル……**きっとあなただけの美しい色があると思います。**
1、2分でいいので、目を閉じてゆっくり呼吸をしながらイメージしてみましょう。
その色をあなたのシンボルカラーにしてください。

朝、目覚めたら、その色をイメージしながらゆっくり深呼吸します。そして、「今日もこのピンクのエネルギーでいこうね」などと自分に話しかけてください。

色を通して理想の周波数を自分に教え、光とつながるスイッチボタンを押して、一日をスタートさせるのです。

光そのものや、あたたかさをイメージするほうが感性にフィットする場合は、自分のやりやすいイメージで最高に幸せな周波数を感じてくださいね。

また、音楽を使って、光とつながることもできます。**聴くだけで心があたたかくなって「今日もがんばろう！」と思えるような曲を、目覚まし時計代わりにかけるのです。**

「気分がグングン上がるこの周波数で一日過ごせば、いいことがありそう！」と、あなたの魂に伝えてあげましょう。

色にも音にも、それぞれ固有の周波数があります。朝起きた時と夜寝る時、自分の主軸となる周波数にチューニングする習慣をもつと、気分が落ちた時にすぐにわかるようになります。「あれ？　昨日はこの色でとても満たされた気持ちになったのに、今日はちょっと心が疲れているのかな」と、自分の状態が体感できるのです

この経験を積んでいくと、エネルギーの動きに敏感になります。たとえエネルギーが下がっても、楽に自分の望む周波数につながれるようになります。

水に浮かんだ時の感覚を思い出すと、魂の力が広がります

自分が思い描く幸せのイメージにピントが合うと、磁石のような力が生まれ、引き寄せのサイクルが回り始めます。幸せなイメージが明確になったら、したいことや好きなことを、地に足をつけてやっていきましょう。

すると、エネルギーがしっかりグラウンディングするので、さらに加速して、さまざまなものが引き寄せられ始めます。

この時、大切なポイントがあります。

それは、**「体や心の余分な力を抜く」**ということです。

リラックスして、水にゆったり浮いている時を思い出してください。あのすっかりくつろぎきった感覚です。

泳ぐ練習をする時に、体に力を入れて手足を動かしてしまうと、前に進みませんね。それどころか、だんだん沈んでいき、息継ぎも苦しくなります。子どもに水泳を教える時は、

まずはじめに、体の力を抜き、水面で浮かぶ練習をするものです。

それと同じで、**光につながるためには「○○せねばならない」「○○すべき」「○○であるべき」といった力みや緊張を取ることが大切なのです。**

もしあなたが一生懸命がんばっているのに、まったく現実が動かず苦しくて仕方がない状況にいらっしゃるなら、まず、ふわりと力を抜いてください。

いったん「降参」してしまうのです。**海面にぽっかり浮いて波に揺られるように、運命にあらがう気持ちを捨てて、すべてを受け入れ、天にゆだねてみるのです。**

がんばりすぎると、魂がガチガチに固まってしまいます。行きたい方向にピントを合わせたら、ホワンと力を抜いて進むくらいがちょうどいいのです。

海に入って一度は沈んでも、力を抜いて波にまかせると、自然に浮き上がることができますね。現実でも、一度は沈むかもしれません。でも、そのあとは必ず、あなた自身がもともっている魂のエネルギーが、あなたを浮かび上がらせてくれます。

力を抜いて宇宙にまかせると、魂の力が自然に広がり始めるのです。

幸せには「足し算」ではなく「引き算」が大切です

リラックスしたいけれど、ついがんばってしまう。どうしても天に身をまかせる勇気が出ない……。そんな時は、**人生を幸せにする秘訣は「足し算」ではなく「引き算」であることを思い出してください。**

現実を変えて幸せになるために、こんなふうに思っていませんか？
「もっと努力しなくては」「愛のある私にならなければ」「優しくならなくては」「ポジティブに考えなくては」

私たちは、つい自分に足りないものを探して、それをプラスすることを考えてしまいます。新しい情報やメソッドを探して実行したり、新しい知識や技術を習得しようと努力したり、常に何かを自分に足さなくてはいけないと思っているのです。

でもそうすると、どんどん自分の本質からずれていきます。

なぜかというと、「自分は足りない」というところからスタートしてしまっているからなんですね。そこから始めてしまうと、光と離れる方向にエネルギーを回していくことになってしまうのです。

あなたには、愛も、笑顔も、優しさも、生きる知恵もあたたかくそなわっています。私たちの人生は、「愛のない私が愛を身につけていくストーリー」ではありません。**私たちが生きるのは、「愛そのものである自分の光を隠しているものを、すべて手放して、もとのきれいな光に戻るストーリー」です。**

誰もが素晴らしい光とたくさんの愛をもっています。でも、それらをさえぎるネガティブな思いを、長い経験の中でくっつけてしまっているだけなのです。

ですから、むしろ愛や光をさえぎるさまざまな思いを手放すことが重要なのです。

それだけで、自然にあなたが本来もっている輝きが表に現れます。

あなたの心の中に灯るキャンドルの光は、これまで一度も消えたり弱まったりしていません。ただ、キャンドルのまわりの曇りを取っていくだけでいいのです。

光とつながる体質になるには、小食を習慣に

自分を大切にしようと思った時、ふだんの食事も優しいものにしようと意識してみてください。

食事とは、天からのエネルギーをいただくことなのですね。食事とは、すなわち自分自身を大切にすることとです。

でも最近は、人工的な味に慣れてしまい、自然の食材のおいしさや素晴らしさを忘れがちになっています。そして、自分の生命にとって気持ちいいものと、そうでないものに対する感度が鈍くなっているようにも思います。

ですから、まずじっくりとお料理を味わっていただきたいのです。

単なる惰性で食べるのではなく、慈しむように、ひと口ずつ味わいながら、いただく。

「これは、私の命が喜ぶかな？」「体にとって気持ちいいかな？」と感じながら食べる。

そうやって丁寧に食事をしていきましょう。すると、自分という生命体が本当に欲する

ものは何なのか、魂からの声を徐々に感じられるようになってきます。また、魂のエネルギーが活発に回り始めます。

とても落ち込んだ時、なかなか解決できない悩み事がある時、何か大きな決断をしなくてはならない時は、少し食事の量を減らすとよいでしょう。

いつも満腹の状態ではなく、おなかを空かせることが大事なのです。

なぜ、空腹が大事だと思いますか?

それは、空腹の時間が多いと「心のスタミナ」がどんどん増えていくからです。

大好きなことをするためにも、悩みや苦しみから光への道を見つけ出すためにも、心の体力、つまりスタミナが必要です。そう、心にも体力があるのですね。それは、スピリチュアルな(霊的な)スタミナと言い換えることもできます。

たとえば、「好きなことをしましょう」と言われても、「その好きなことがわからない」「やる気力が出ない」という時もありますね。こんな時は心のスタミナが低下しています。

実は、心はオーラからエネルギーを吸収して使っています。

オーラは外に向かってあなたのエネルギーを発信するだけではありません。エネルギーを吸収する役割もあります。しかし、食べすぎて消化活動に時間が取られると、吸収したエネルギーがそちらに使われます。それで、心のほうにエネルギーが回らなくなってしまうのです。

食べすぎて「もう動けない～」という状態になることがありますね。この時、胃が食べ物を消化するためのエネルギーは、肉体の周囲にあるオーラから吸収されています。

つまり、その分だけ、体の維持にエネルギーが取られてしまうので、心のスタミナが不足してしまうのです。ですから、ここぞというがんばり時は、**食事を減らすと、心で使えるエネルギーが増え、サポートになる**と思ってください。

無理のない範囲で大丈夫です。腹八分にしたり、間食をせず、空腹の時間を増やしたりしてみましょう。

すると、感覚が鋭敏になるのがわかります。「これは好き」「これはやりたくない」という選択や判断が、すばやく的確にできるようになります。大事な決断をしなくてはいけない時など、ストレスにならない程度に、1、2日だけでも小食を意識してみましょう。

光からの情報をキャッチするアンテナの感度がグッと上がり、本来のあなたが欲する最高の結論へと導かれるでしょう。

時間と人間関係には、ゆとりと余裕が必要です

毎日の中で光とつながる方法をたっぷりお伝えしてきました。どの方法を実践していただく時にも、ぜひ意識してほしい要素があります。

それは、やわらかなゆとりと余裕です。もちろん、広い空間が必要という意味もあります。でも、**もっとも大切なのは、心に優しくなれるゆとりと余裕をもつことです。**

とはいえ、忙しい日常ではそれが難しい場合も多いですね。しかし、いくつか簡単なポイントを意識すれば、バタバタとあわただしい毎日の中でもゆとりや余裕が生まれます。すぐ実践できる方法をいくつかご紹介しましょう。

まずは、自分に「時間の余裕」を作ってあげてください。人との待ち合わせや用事で外出する時、約束の時間の少し前にはその場所に着くように出かけるのです。

たとえば、遅刻しそうになり大急ぎで駆け込んで、息が荒くなってしまうこともありますね。そういう状況の中では優しい気持ちは湧きにくいから、幸せな光につながれません

ね。また、「間に合わない！　どうしよう！」と焦っている時も同じです。

ですから、事前にカフェでお茶でも飲んで安らげるくらいの余裕をもって家を出る。そのような優しいゆとりを心がけられたら素敵ですね。

もし、難しい場合は5分前でもかまいません。たとえ5分でも余裕をもって到着したという事実が、フワッと楽な状態を作ります。そうすると、より強く光につながれるようになり、そのあとの用事がうまくいくのです。

人との間にスペースを作ることも、光とつながる大事なポイントです。これは相手と物理的な距離を置くという意味ではありません。**相手を尊重する距離感を大切にするということです。**

光とつながるためには、これまでお話ししてきたように、光の周波数を感じてそこに同調していくことが大切です。でも、人との距離が近すぎると、振り回されて大切なものが見えなくなります。ですから、自分の周波数を尊重できるラインをまず決めるのです。そして、そのラインを越えないところで、人と接していくよう心がけます。これは、相手を尊重することにもつながります。

少し難しいと感じるでしょうか？　自分のペースを優しく保ちたいという時、それでもペースを乱される状況があるなら、そこに優しい光を通す光の言葉をお伝えしましょう。笑顔とあたたかさを保ちながら人間関係を築くための「お守り」です。

それは、**「少しお待ちいただけますか?」**という言葉です。

たとえば、仕事の依頼や遊びのお誘いがあったり、「あれはどうなっているの?」と問い合わせが来たりして、少し急かされる場面があったとします。そこであわてず、「ちょっとお時間をいただけますか?」と答えるのです。当たり前のようですが、これはとても大切で自分のためのゆとりをつくってあげられます。

自分の心を確認しないまま無理に返事をすると、本来の自分ではない周波数につながってしまうことがあります。すると、また光とつながっていないエネルギーで物事が動き、それを映し出した現実が起こります。ですから、まずひと呼吸おくことが大事なのです。

「前向きに考えたいのですが、お返事をするまでどのくらい余裕がありますか?」「興味はあるので、明日お返事してもいいですか?」「少しだけ考えさせていただきたいのですが」といった、あなたらしいあたたかみのある言葉をスッと出せるように用意しておきましょう。すると、そこに余裕が生まれます。そして、もう一度光とつながり、自分がどうしたいかがはっきりしてきます。そこから、最善の答えが導き出されていくのです。

第4章

祈りと直感で動いていくと
道は拓けます

光からのメッセージを届けるガイドスピリット

光からのメッセージは、現実の中で、ふと目についたものや聞こえてきた言葉、ひらめきなどを通して届きます。

宇宙の光から届くメッセージを仲介する存在が、あなたの「ガイドスピリット」です。ガイドスピリットとは、あなたの魂がこの人生の目的に沿った生き方ができるよう、一生を通してそばで見守り、導いてくれる存在です。ガイドスピリットについてお伝えすると、「それは、守護霊のことですか？」とよく尋ねられますが、少し違います。

一般的に「守護霊」と呼ばれている存在は、私たちの「ガーディアンスピリット」です。ガーディアンスピリットは、あなたのご先祖様や、あなたの魂が生まれたルーツから分かれた存在です。ガーディアンスピリットも一生を通して、あなたを守護します。そして、この現実世界で、地に足をつけて生きていくことを教えてくれます。

ガイドスピリットは、あなたの生まれてきた目的に沿ってご指導くださる存在です。

たとえば、あなたがもって生まれた目的が、ヒーラーとして人を癒すことだったら、人を癒すことに長《た》けた存在がガイドスピリットになります。また、一人ではなくチームになっている場合も、多くあります。

あなたは、一人でこの世を渡っているのではありません。あなたに必要な気づき、目覚め、必要な経験など、成長するという目的に沿って導いてくれる優しい世界があるのです。

ガイドスピリットとあなたは、あなた自身のハイヤーセルフ（高次の自分）を通してつながっています。ハイヤーセルフとは、あなたの中のあたたかい光で「内なる神」、あるいは「大いなる自己」と呼ばれる、内なるキャンドルの炎のことです。

心のあたたかいところにあるこの優しい光は、すべてとつながっている優しい場所なのです。今この時でも、ぜひ胸のあたたかいところを感じてみていただけますか？

幸せな時、感動した時、あたたかいものがこみあげてくるところです。

ガイドスピリットの導きは、この内なるぬくもりを通して、あなたにつながっています。そのあたたかさで、あなたの日常は、宇宙のサポートシステムとつながっているのです。

宇宙は、さまざまな階層によって成り立っています。

創造主という最高の幸せの源泉と、あなたの「今」との間の宇宙には、信じられないほどの次元の階層があり、それぞれの階層ごとに、あたたかい天上の導き者がいるのです。

たとえば、あなたを導いてくれる存在としてのガイドスピリットがいて、あなたをよりよいほう、より成長するほう、より幸せがあふれるほうへ導いてくれます。

そして、あなたのガイドのさらに上の層には、またそのガイドさんのさらなるガイドがいて、そのガイドさんの上の階層には、その導き者がいらっしゃるのです。

それぞれの導きが、あたたかい愛によってもたらされますので、宇宙は、創造主から私たちのもとまで、リレーのバトンを渡すように、あたたかい愛の導きによって各次元がつながっているのですね。それらのあらゆる次元をつなげている宇宙の愛のサポートシステムとあなたは、あなたの愛でつながっています。だから胸の中を優しくして、いつも心はあたたかくしておきましょう。

そのあたたかさを伝って、あなたのガイドからの援助も導きも、流れてくるからです。

答えが欲しいと感じる時は、あなたが知りたいことを受け取れると意図し、心の中で質問を明確にしましょう。

あなたが心の中で立ち上げた質問や想いは、あなたを導くガイドたちの優しさによって大切に扱われます。だから、すべてに優しく、心を開いておきましょう。

宇宙からの答えをキャッチしやすくなる方法

実は、あなたの皮膚感覚「肌」というのは、天の答えを受診する繊細なアンテナです。イエスかノーか、肌で感じてみましょう。

たとえば、素晴らしいものに出会って感動すると、素敵な意味で鳥肌が立ちますね。その反対に、嫌だなと感じるものに出会った時も、ゾクッとするほうの鳥肌が立ちます。「皮膚」は敏感なセンサーですから、この２つの皮膚感覚の違いは、自分で誰もが感じ取れるのです。あなたには、そのような繊細な導きの感覚を感じ取る聖なる力がそなわっています。

ですから、質問をしてみましょう。そして、**「自分は明確に答えがわかる。感じる」と意図しましょう。**

たとえば、コンサートなどに誘われて、行ったほうがいいかどうか決めかねている場合、自分がコンサートに行っている場面をイメージしてみましょう。自分が質問する内容を実際におこなっているところを想像するのです。

仕事について質問したいのなら、その仕事を実際にしているところをイメージします。そして、皮膚と体の感覚に意識を向けましょう。

皮膚は、ふわっとやわらぎましたか？　いい感じはしますか？　体はくつろぎましたか？　あるいは、バリッと体が硬くなりましたか？　または、グッとつまりましたか？

それを感じてみることも、天の導きに耳を傾けることなのです。

このような繊細なセンサーは、感じようとすればするほど、耳を傾ければ傾けるほど、どんどんボリュームが上がるように明確にわかるようになります。使っていなかったからさびていただけで、感覚を使い始めて集中するほどに息を吹き返して、あなたを導いていきます。

けれど、もし心がとても疲れていて、導きがわからないと感じる時なら、**心を休ませてあげることも、また天の導きを感知する優しい力になるのですよ。**

心の休ませ方は、自分にくつろぎと喜びをたくさん与えてあげるのです。

まずは、ゆっくり体を休ませてあげて、たっぷりの睡眠をとってあげましょう。そして、休息ができたら、「今、何したい？」と自分に聞いてあげましょう。

「今ジュースが飲みたい」と感じたら、それに耳を傾けて従い、おいしくジュースを飲みましょう。そして次に、「今、何したい？」と自分の感覚に耳を傾け、「あの映画が観たい」と思ったら、それを受けとめて映画を観て、また心を動かしましょう。

「今どうしたい？」という声を受けとめ、瞬間瞬間、「耳を傾け、それに素直に従う」ということに優しく集中していくのですね。

それをくり返すと、しだいに心と体の波長が一致してきて、やりたいこと、惹かれることに対して体が動くようになってきます。

そうなると、惹かれることに動く間に、たまたま観た映画のセリフや町のポスターのコピー、あるいは電車で偶然、隣に座った人の会話など、出会うことの中から、ふと心に入ってくる言葉があるのです。

向こうから言葉や気づきが心にトーンと入ってくるように、あなたのハートに言葉が入ってきたりします。それが導きであったりします。

ハートを世界に向かってあたたかく開けば、導きは自然にあなたのもとへ届いてくるのです。

天からの答えが
あなたの意見と違ったら

ガイドスピリットからの答えは感じられてきたけれど、自分の望んでいた答えと違うこともあります。

でも、それにも素晴らしい学びがあるのです。ガイドスピリットの導きと、あなたの意見が違う時、どうすればいいのか。私自身の学びをお話ししますね。

お仕事を始めてまだ間もない頃です。ある方がとても苦しんでいらっしゃる姿を見て、私は何とかサポートできないかと考えました。ところが、天に質問した私に返ってきた明確な意志は「今は何も言ってはいけません」というものでした。それは聖母意識のガイダンスでしたが、まだ経験の浅かった私は、苦しんでいる人を見て「どうしてですか？　どうして何も言ってはいけないのでしょう？　今こそあの方には、明確な答えが必要ではないのでしょうか？」とくり返し伝えていたのです。すると、宇宙の愛である聖母意識は、「わかりました。では、あなたが思う通りにやってごらんなさい」。

天のガイダンスのメッセージは命令ではなく、優しい導きです。だから、常に自分の心を大事にする。この基本があるのです。

ところが、実際にその方をサポートしてみると、聖母意識が「何も言ってはいけない」とおっしゃった理由がすぐにわかりました。

私が先取りして明確なガイダンスを差し出したことで、その方が自分で自分の問題を自らの力で乗り越えるという貴重な経験をするのを妨げてしまったのです。つまり、自分で答えを探そうとする前に、自分で考えることをせず、すべてを私に依存されるようになったのです。

私は、この失敗によって、大きな気づきを得ました。天の答えは、すべて大切な意味があるのですね、と。サポートのタイミングを間違ってしまうと、その方の中で育とうとしているきれいなものが消えてしまうということに、体験を通して気がついたのです。

聖母意識は、それを優しく教えてくれました。失敗も、転んだことの恥ずかしさも、天の大きなサポートシステムの中ではあたたかく包まれてしまう。

「間違いは恥ずかしいことじゃない。それすらも美しい成長の階段なのですよ」と包まれてゆくのです。

さらに、聖母意識はこのように教えてくれました。

「あなたと天の導きがまっぷたつに割れたと感じた時は、迷わずあなたが信じることを、まずは行動に起こしてごらんなさい。そこには、自然に起こるべきことが起こります。そして自らの経験が、あなたを助ける先生となるのです。そうやって体感した真理は、あなたの理解と実力となって、あなたの中にそなわり、大きな優しさへと育つのですよ」

それからというもの、私は、天からの導きと私の意見が分かれるたびに、自分が感じているほうを選び、行動するようにしてみました。すると、その結果はすべて、天の導きの正確さを自らの体験で知ることになったのです。

なぜ天が「今はまだ待ちなさい」と言うのか、なぜ「違いますよ」と言うのか。未熟な心の私には見えなくて、「なんで待つのですか？　今チャンスなのに」「なんで違うの？　私はいいと思う」と感じることもありました。

でも、実際にやってみると、その「なぜ」が身をもってわかるのです。木を見て森を見ず、それが当時の私でした。

天の導きシステムはいつも、私たちよりも、より高く大きな視点で見て導いてくれています。けれど未熟な心では、見えていないものがあまりにも多くあったのです。

この時、天の導きと逆流する私の心を捨てることなく、向き合い学び、精いっぱい実践することで、体じゅうでわかるようになるから、感覚が少しずつ修正されます。

「そうだったんだ。間違えた」と、恥ずかしさに泣いて理解し、私の感性は少しずつ天の愛の真理をわかっていったのです。

そうやって直感と実践をくり返していくと、芯からわかってくることがあるので、やがて私と天の導きが分かれることはなくなっていきました。

天のサインはゴー、行きなさい。……「はい。私もそう思います」。

天のサインはストップ。……「やっぱりね」と、導きが来る前にすでに止まっている私が出てくるようになりました。内なる導きが明確になり、ぶれなくなっていったのです。

行動から学ぶことも、天の導きを受けとめる素敵な器になるようです。

カルマには悪いものもよいものもあります

「カルマ」という言葉を、あなたも耳にしたことがあるのではないでしょうか。

日本語では「業《ごう》」とも言いますが、ここ数年の間に、この言葉はずいぶん浸透してきたように思います。カルマというのは、かつて悪いことをしたから、その罰を受けることと思っていらっしゃる方はとても多いようです。

カルマは、「罰」ではないのですね。心の曇りを取り払って、私たちが楽に前進していくために、この人生に現れているものです。カルマとは、バランスなのです。

カルマとは、「過去に自分という光を外に向かってどのように表現したか」が、そのままバランスをとるために返ってきたものです。ですから、**悪いカルマだけでなく、よいカルマもたくさんあるのですね。**

カルマと私たちの関係を、図（156ページ）で考えてみましょう。

私たちの存在を、1つの大きな円だと考えてみてください。中心で縦に割った半円が、私たちの「内側の意識」、もう片方の半円が、「外側の現実」です。２つの半円を合わせて、「自分」という存在が１つの円になり、「あなたの現実」を作っています。つまり、目に見えない意識という半円が、外側の現実という半円に現れるのです。

この２つの領域は、カルマを通してお互いに影響を与え合い、１段ずつ魂をステップアップさせていきます。

具体的にお話ししますね。たとえば、過去世においてあなたが誰かの悪口を言ってしまい、その人を傷つけてしまったとしましょう。

この時の行為のいい悪いよりも、あなたから外側の現実へ送り出し、表現したエネルギーがありますね。これが大切なのです。それを送り出しただけでは、そのエネルギーは本当にはわからず、マスターできません。エネルギーがわからないのはなぜかというと、出した時点では自分がわかっておらず、自分自身が見えていないのです。

宇宙の進化のステップは、「与える」と「受け取る」がワンセットです。

だからぐるりと巡って、かつて自分が出したエネルギーを自らが受けとめてみるタイミングがやってきます。つまり、今度は自分が誰かに悪口を言われる側になるのです。昔自らが送り出したエネルギーを、ぐるりとまわって、今度は自分が受ける側に立つのです。

すると、たとえば自分が言う時には、それがよくないことだとわかっていても、自分がどんなエネルギーを放っているかは、本当にはまだわかっていません。けれど、それを受けてみると、初めてそれがわかるのです。

言う側の時はいいのです。でも、言われる側になってみると、「こんなにせつないんだ」「きついんだ」「悲しいんだ」と、これほどのエネルギーなんだとわかります。体感してみて、「自分が知らずに出したものは、これほど誰かを消耗させ苦しめていたんですね」「悪口って、今感じているこんなに苦しいエネルギーなんだ」と、それが芯からわかると、魂は光を見るようになり、成長します。

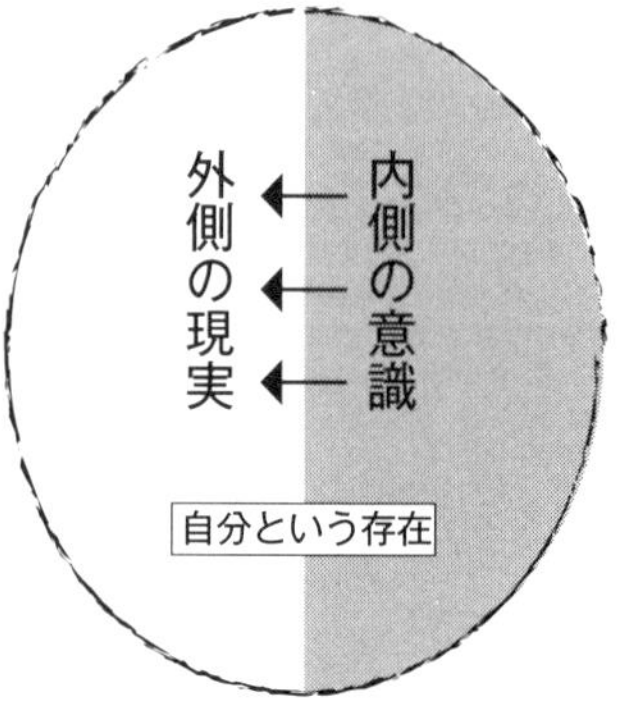

魂がわかると、人は猛烈に優しくなりたくなるんですね。

「悪口を言われるってこれほどきつい。それなら、私は人を苦しめる言葉じゃなくて、愛するあたたかい言葉を送り出したい」と……。

苦しみから気づいて自分を知り、愛に気づいて昇華するとバランスがとれ、その人の魂の段階が上がるのです。魂が愛を学ぶ、優しさのシステム。それがカルマでもあるのです。

ネガティブな感情から離れるには、その気持ちに手を合わせてください

たとえば、夫婦げんかをして、とても嫌な気持ちになったとします。あなたは、腹が立って、自分は全然大切にされていないと感じました。

実は、この時傷ついた気持ちを、あなたは初めて感じたわけではありません。過去世でも、実は何回も経験しています。過去の人生で消化しきれなかったり、解決できなかったりした経験がカルマとなり、心の曇りになって戻ってきたのです。言い換えれば、夫婦げんかを通して、過去の未消化、未解決だったエネルギーを解決してあたたかい愛に昇華しようとしているのです。

つまり、そのムッとした気持ち、息苦しい感情の正体は、あなたの長い輪廻の旅の中で、まだ昇華できていなかったエネルギーなのです。

そして、先ほどお話ししたように、**愛に戻るためにそのカルマは現れたのです。**

学びですから、私たちが気づくカルマ（心の曇り）は、たいていネガティブなものが多

いですね。

怒りや不安、恐れ、悲しみ、被害者意識、人のせいにする気持ち、自分自身を責める気持ちなどは、たいてい過去世から持ち越してきているものです。

また、人と比べなくてもいいとわかっていてもつい比べてしまったり、感謝が大切とわかっていても、なかなか感謝できなかったりするのも、カルマです。

そんな思いが出てきたら、**「過去世でも同じ気持ちを感じていたのだな」**と思ってください。

今の不安なバイブレーション、嫌な気持ち、相手への疑いなど、心地よくないものは、実は、かつてもあなたが体験してきた古い思いです。

今感じているように思えますが、「記憶の再生」なのです。

あなたを苦しめているから嫌なものですが、聖母意識は、「その嫌な気持ち、あなたの気持ちそのものに、あたたかく手を合わせなさい」と教えてくれました。

「苦しいならわかるでしょう？　あなたは、過去世でもこの同じ気持ちに苦しんできている。だから、『どれだけ長い間苦しんできたの？　何回繰り返して苦しんできたの？』と、そのつらさを受けとめ包んであげられたなら、そのカルマは愛に溶けてしまうのですよ」

と。

カルマはあたたかい愛に還《かえ》るために旅をくり返しているのですね。

「その気持ちに手を合わせなさい」と、聖母意識は言いました。

そうすると、手を合わせたとたん、それまで苦しみそのものだった自分と、苦しみとが分かれて、「苦しみさん」が前に来るでしょう。

手を合わせ、自らの「苦しみさん」を拝むことで、苦しみと自分が離れ、優しく包んであげることができるのです。

カルマは、あたたかい愛にたどり着いたとたん、ほどけていくんですね。

ネガティブなカルマは、これから咲くことを夢見るつぼみ

聖母意識は、「今のあなたを苦しめているカルマは悪いものではなく、これから咲くことを夢見ているつぼみなのですよ」と教えてくれました。そして、私たちは皆、花束のような綺麗な存在なのだと慈《いつく》しんでくれました。素敵な表現だな、と私は思いました。

今の私たちの「存在」は、過去世の結果でもあります。

現在、「恵まれているな」と感じる人生に現れているあなたの幸運と幸福は、過去世であなたが学びを終了した部分。「魂の学び」を理解できると、いのちのお花は美しくふわりと花開くのです。けれども、まだ答えを出せていない部分、愛に至っていないあなたの側面は、学びを終えていないから、花開けないでいるつぼみです。

でも、咲きたくて、花開きたくて、いのちの力が再度チャレンジして、学びのチャンスを引き寄せる、それが私たちがネガティブだと感じるカルマの正体なのです。これから咲くことを夢見ているつぼみなのです。

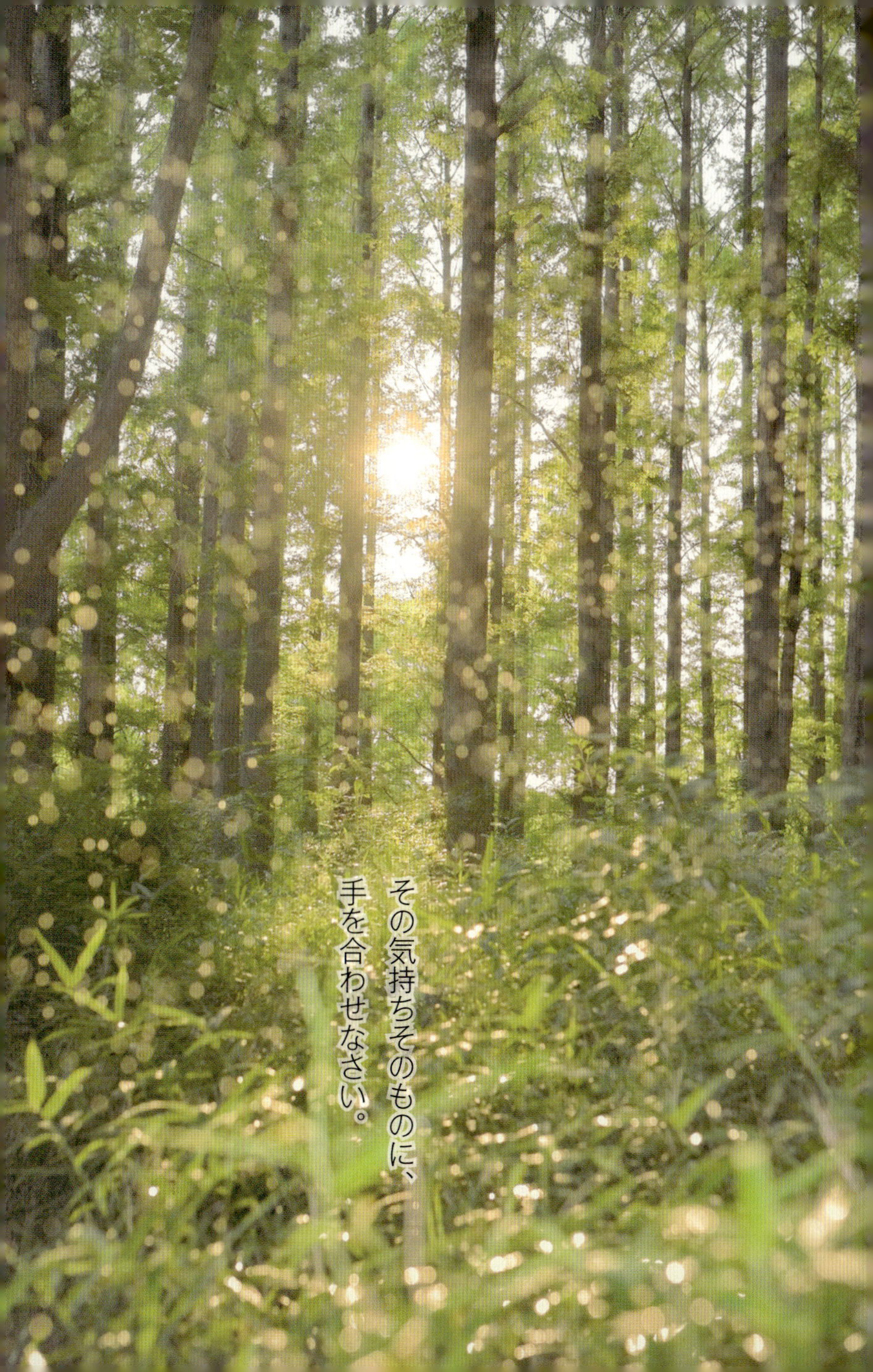
その気持ちそのものに、
手を合わせなさい。

心の痛みやつらさは、
愛で優しく受けとめましょう。

たとえば、最初から優しくて心のあたたかい人っていますよね。そういう人は、人を引き寄せ、まわりから優しくされるので、幸せに包まれています。すると、「あの人、何の苦労もしていないのにずるい」と見えることもあります。でも、存在そのものが優しい人は、過去世で何度も泣いて苦しんで、細くなっている道を越えてきている魂が多いのです。

本当に優しい人は、実は弱くはありません。芯が強い人が多いのです。

だから、どこまでもあたたかく、優しくなれるのです。

そして、優しさを生み出すその人の芯は、過去世で経験した壮絶な憎しみや自己否定という魂のレッスンに、本当の許しや愛という答えを出してきた魂なのです。カルマが優しくなっているから、自然に優しさを引き寄せるのですね。

苦しみや不運、自己嫌悪の場所にいるのは「罰」ではありませんから、その運命が本当はずっと続くわけではありません。その経験とフィーリングから、たった1つのあたたかい心を学ぶ。愛に気づいていく。その気づきに到達するまで続くだけなのです。

苦しみという問題集に、心のあたたかいところから愛という答えを出して成長する時、その領域のあなたのカルマは、ふわりと光に花開いて、運命は変わり始め、幸福になれるのです。あなたという美しいブーケを満開にして、幸せになりましょうね。

あなたの夢が「本物」か「借り物」か、見分ける方法

あなたは今、どんな夢をもっていらっしゃいますか？

実は、私たちの「夢」には2通りあります。「魂の表現として生まれもった夢」と、「意志（念）の力で何とか実現させようとする夢」です。

前者は、自分が生まれる前にもともと設定してきている魂の夢なので、恐れさえ取ってあげれば、力を入れなくても、おのずと人生に実現していく夢です。

後者は「こうなりたい」「これが欲しい」と感じるあなたが、念の力で引き寄せてゆく「実現化」です。あなたの本質の光に沿っていなくても、思いの力で引き寄せられますが、少々パワーが要ります。

この魂にプログラムされている夢は、あなたそのものと言えるエッセンスに沿っている夢なので、どんなに打ち消しても決して消えずに、何年経っても心に残っています。

でも、念で引き寄せる「夢」は、自分らしいエネルギーではなく、まわりの人に合わせ

ている「夢」である場合も多いので、時間が経つと欲しかったことも心から消えていき、なくなります。**幸せになるためには、心から消えない夢を求めることだと思います。**

２つの夢の違いがわかっていないと、こんなことが起こります。

たとえば、あなたが素晴らしいダンス公演を見て、「私もあんなダンサーになりたい」という夢をもったとします。でも、実際にダンスを習ってみると、今ひとつ楽しくありませんでした。しかしあなたは「あれ、思ったほど楽しくないな。でも、私の夢はダンサーになって、あの人のように素敵になることだから」と考え、必死でがんばり続けます。このような場合、後者の夢である可能性が大いにあります。

実は、あなたが憧れたのはダンサーそのものではありませんでした。それは、ダンサーが発していた「表現することの喜び」や「輝いて生きることの楽しさ」だったのです。あなたが憧れたのは「ダンス」ではなく「表現力」だったのですね。

こんな時は「あの人のダンスのように、**自分にとって夢中になれるもの、キラキラした自分を表現できるものは何だろう？**」と考えてみるといいのです。

それは、物を作ることかもしれませんし、動物のお世話をすることかもしれません。あるいは土と触れ合って植物を育てることかもしれません。あなたが夢中になって自分らしさを表現できること、楽しくてたまらないこと、それを探してみましょう。
そのためには、自分の内側をよく見てみることです。外側の現実だけを見ていると、素敵な人や輝いている人をそのまま自分にあてはめ、自分のエネルギーではない夢を追い求めなければならなくなってしまいます。

そのような夢は心の中に自然な形でキープできないので、いつの間にか消えていったり、逆に、執着を呼んだりしてしまうのです。

でも、どんなにあきらめようと思っても心の中から湧き上がってくる夢は、この人生であなたがなすべくプログラムされた夢。ですから、本来は自然に叶うようになっています。しかし、それを叶えないように邪魔しているものがあります。それが、私たちの中にある恐れやブロックです。

ですから、これまでお話ししてきた情報を使って、ブロックをどんどん手放していってください。自分を網から解放して、大海原で自由に泳がせてあげるのです。**あなたを止めているブロックが外れれば、内面で起きた変化が、そのまま現実に投影されます。**すると、夢を叶えるためのチャンスやお金、そして人の協力が集まってくるのです。

夢と人生のチャレンジは、必ずワンセットです

私たちが宿してきた魂の夢は、その人自身の進化にかかわるため、たいていは、喜びと人生のチャレンジがワンセットになっています。

つまり、**心から願う夢と、一番苦手なチャレンジとがセットになっていることがあるのです。**苦手を克服することが、魂を進化させていくチャレンジとなっているんですね。

たとえば、私は聖母意識からのメッセージをベースに、心の中心から湧く、あたたかい生き方をお伝えするのが仕事です。苦しみがほどけ、幸せになり続けるという母なる宇宙意識が教えてくれた、不思議な力をもつ優しい生き方を伝えています。

私の夢は、地球のすみずみまであたたかい心から生まれる愛が広まること。

いつも、この地球のどこを見ても、誰かの優しさから愛が広がっている世界。

壮大なようですが、そんな世界を夢見ているのです。

私が自分の夢に向かって大切にしていることの1つが、講演（トーク会）です。トーク

会では、いのち同士であたたかい交流ができるので、私はトーク会が大好きです。檀の上に立って、お越しくださった方々のお顔を見ると、魂の家族か親戚と再会したかのようにあたたかい気持ちになり、深い感謝があふれます。

今でこそ、そんな愛のエネルギーにも気がつき、くつろいでトークをしていますが、始めた当初は人前に出ることが苦手でした。「自信がない」「見ないでほしい」、そんな気持ちでいっぱいで、注目される立場に慣れることがなかなかできなかったのです。

これは、私の魂のチャレンジだったのでしょう。というのも、子どもの頃からこんなシチュエーションがくり返し訪れていたからです。

小さな頃から、私はどちらかというと楽しいことが大好きだったわりには、注目されると苦痛を感じるので、元気な子の後ろに隠れるタイプでした。

けれど、子どもの頃から避けても避けても、班長やリーダーの役がクジなどであたってしまい、どうやっても前に出されるのです。観客の中から舞台に上がらされる演出のあるショーなどでも、必ず当たってしまいます。本当に苦痛でたまりませんでした。

表面の私はいつも、とても不思議でした。なんで私にはいつもその役が当たるんだろう。本当に嫌だというのに……。まだ、運命というものについて考えたこともなかった頃でしたが、それでも何か大きな流れのようなものの意志を感じずにはいられませんでした。

逃げても逃げても、その役が来るのです。

その苦痛は、私の魂の役割とチャレンジで、魂を成長させてくれる入口だったのですね。

そんな私が、大人になって人前に出る仕事についたのです。やっぱり、注目されることへの抵抗は残っていましたが、ある時ふと、この苦痛に向き合ってみようと思い立ちました。抵抗せず、自然に与えられるものに素直になってみよう。受け入れよう……。

すると、私の中で縮こまっている〝何か〟に気がつきだしました。

何でしょう？　とてもイガイガする嫌なものが私の中にあって、とても鋭く痛んでいるのです。私はそのフィーリングから逃げずに、集中していきました。

しだいに、その鋭い痛みの正体が、雲が晴れるように見えてきました。

痛んでいるのは、私の固定観念でした。人生全般に流れていた私の無意識の思い込み。

それは、「完璧でなければ私は受け入れられない」というものでした。

完璧主義というものは、どこまでいっても自分にＯＫを出すことができません。自分を責め続け、認めることがありません。その自分の無意識の責めが、私自身のエネルギーを緊張させ、縮こまらせていたのです。

その痛みが、「私は人前で受け入れられるわけがない」と、恐れていたのですね。私は、くり返し訪れていたその痛みのフィーリングから逃げるのをやめ、受けとめていきました。

「今まで気がつかないでごめんね」と、自分のフィーリングを愛していきました。

そして、自分の中にあるあたたかいものに焦点をあて、私の中にも確かにある〝光〟を意識し、その光に祈ったのです。

「私はこの恐れを手放します」

「私は自分の心をあたたかく受け入れます」

それは、自分の内面を癒すためにしたことでした。すると突然、私の予想を越えて、不思議な現象が起き始めたのです。

当時はまだ、講演と呼ぶにはあまりにも少人数であり、小さな規模のお話し会でしたが、その内面が変化した直後から現実が急に私の予想を越えて動きだして、参加者が増え始め、会場を一回り大きく変更することになりました。

それでもまだ増えるので、さらにもう一サイズ大きな部屋へ、というように、私が心から願った語りかけの場が自然に生まれ、もう苦痛はなく、大勢の皆さんと心通わせる時間をもてるようになったのです。夢とチャレンジは、ワンセットなんですね。

あなたの使命は「本当の自分」になることです

この世で一番高価なもの。それは、ダイヤモンドでも豪邸でもありません。私たちのいのちであり、その存在の尊い価値です。

人には、一人ひとりとても美しい存在の価値があるのです。それは、生まれてこようと思った優しい目的を、人は皆、胸の中に宿しているからです。それが感じられるからでしょう。

「私は自分の生まれもった使命を生きたいのです。私の使命を知るには、どうしたらいいでしょうか?」というご質問をお受けすることがあります。そうおっしゃる方に、私はいつも次のように伝えさせていただくのです。

「使命とは、特別な職業に就いたり、大きな社会貢献をしたりすることだけではないのです。あなたが〝あなた自身〟になることなんですよ」

自分の内面に痛みがある場合、それと向き合って1つひとつほどいてあげますと、心の通りがよくなって、自分の喜びの波動を心が感じられるようになります。その喜びを体現することが、〝あなた自身〟になることなのです。

使命（生まれてきた目的）は、必ずしも職業に結びつくとは限りません。

もちろん、使命がそのまま職業になっておられる方もいらっしゃるでしょう。

けれども、自分の子どもを愛情こめて大事に育てること、家族を守るために懸命に働くこと、お料理することやお皿を洗うことさえも、あなたの心がうれしいと感じ、喜びがそこにあるならば、それは世界を優しくし、立派に世に貢献する、美しい魂の仕事なのです。

世の中にはいろいろな役割があって、その人でなければならない適材適所にいのちは生まれていますから、歴史をひもとくと、世の中を変えるような偉人や芸術家にも、その人に影響を与えた両親や心あたたかい人々の協力があり、それが大きな力となっていることがあります。

日々普通に生きているようでも、そこに喜びがあれば、とても大きな仕事をしていることがあるのです。

「使命を生きよう」とがんばってしまうと、いのちに緊張感が生まれてしまいますが、ただ心が喜ぶことを見つけ、惹かれることをして人生を楽しんでいると、その人の内からエネルギーが出てきて、自然に自分のいのちの目的へと導かれてゆくのです。

たとえ自分では、世の中や人の役に立っているという意識がなくてもいいのです。

ただ心あたたかく、あなたが芯から微笑み、幸せがこぼれる場所に身を置いて、その気持ちよさから生きてみる時、あなたの存在の美しさが誰かを優しく力づけ、支えたりするでしょう。

あなたが芯から幸せを感じること、それが、あなたの使命なのです。

祈ることで、宇宙の力を引き寄せられます

宇宙はいつでも、私たちに援助の手を差し伸べています。それが、人間関係でも経済的な面でも、恋愛や健康のことであっても、あたたかな導きを与えてくれています。

でも、こんなふうに思い込んで一人でがんばっている人が今とても多いのです。

「私はまだ未熟だから、もっとがんばらないと宇宙は助けてくれない」

「私の中の嫉妬や怒りが消えたら、神様が幸運を与えてくれる」

自分が完璧にならないと、天の助けは来ないと思い込んでいるのですね。

それは、宇宙や神様を信じ、愛しているのに、その存在を自分で遠くに置いてしまっている状態です。私たちのすぐそばまで来ているサポートを、自分自身でわざわざ遠ざけていることになります。

宇宙はどんな時も、惜しみなく愛と光を与えてくれているのに、私たちの心が硬くなって、その援助をはね返しているだけなのです。それでは、とてももったいないですね。

宇宙と私たちの距離をグッと近づけるのが、あたたかい「祈り」です。

「加持祈禱《かじきとう》」という言葉がありますね。祈りによって宇宙から力をもらい、願いを叶えていく儀式です。私たちの現実と天の力との接点を求めてゆく、これを、「お加持をいただく」という言い方をすることがあります。

加持とは、〝加〟えて〝持〟ち上げると書きますね。つまり、天の力と自ら接点を求めて天のエネルギーに触れると、今のあなたに足りない分を天が加えて、持てない分をともに持ち上げてくださる愛があるのです。難しい字に見えて、とても優しい世界ですね。その力をいただくための接点となるのが「祈り」なのです。

もしあなたが、「自分が理想の状態になるまで、宇宙のサポートは来ない」と思っていたら、その思いを優しく手放し、祈ってみましょう。

自分に足りないと思う部分を明確にして「ここを助けていただきたいのです」「これが欲しいのです」「この部分の導きが欲しいのです」と、必要としていることを明確に伝えることが大切なのです。

この時、忘れてはいけないポイントがあります。

祈りを届ける時は、自分の現実をすべて受け入れ、宇宙にゆだねることが重要なのです。

ですから、今どんな状態であったとしても、全部宇宙に見せましょう。自分を裁いたり判断したりせずに、「私はまだこんなに嫌な部分を持っています」「抜け出したくても抜け出せないのです」「あの人が嫌いで仕方ないのです」と、ありのままを伝えましょう。そして、「それでも私は変わっていきたいのです。ここに導きを降ろしてください」という思いを届けるのです。

そうすれば、あなたは自分の居場所を宇宙に知らせることができます。**すべてを明らかにして祈ることによって、今の迷っている場所を宇宙に教えられるのです。**

もちろん、祈りを受け取った宇宙が、あなたを責めることは一切ありません。

「あなたは今、そのバイブレーションにいるのですね。わかりました。安心しなさい。そこから抜け出す方法をお教えしますよ」と、優しく受けとめてくれます。

そして、そのための導きと応援がすぐにサーッと届き始めるのです。

それは、驚くようなシンクロニシティ、思いもつかなかったひらめきや直感という形で、あなたの元に訪れるでしょう。

一人では決して解決できないと思った状況も、宇宙との二人三脚なら大丈夫。

必ず乗り越えていけます。

光から来る直感には、共通の周波数があります

あなたが進みたい方向を明確にして祈りを届けたあと、実際にどちらへ進めばいいか教えてくれるのが直感です。でも、それが本当の直感なのか、あるいは、単なる希望や心の曇りから来るニセモノの思いなのか、判断に迷ってしまうことがあるかもしれませんね。

そんな時は、**「心がすっきりすること」「心に自然な形でフィットすること」を選択してください。**また、あなたの心をきれいにしてくれる選択をしてください。

それが、あなたの光の部分から来る直感です。

祈ったあとの周波数は、あなたが望む方向に合っています。その周波数と違うものには違和感を感じるはずです。もし違和感があったら、それをよく見極めましょう。すると、あなたの進みたい方向にさらに波長がピタッと合い、人生が動きやすくなります。

同時に、それまで続けていたことで何となくモヤッとすることや、心が引っかかりを感じることがあれば、その原因をよく見て選び直すことも必要です。

始めること、やめること、変えること。直感に従って、これからあなたはいろいろな選択をしていくでしょう。

どんな場面でも、光から来る直感の選択には共通する周波数があります。

それは、**「あたたかい」「つながる」「繁栄する」「調和する」「きれいになる」「ひとつになる」「愛する」**……そんな言葉で表すことができます。

また、その選択を思い浮かべた時、「自分が向上する」「さらに幸せになる」「尊敬できる自分になる」という方向へ向かう直感も信頼していいでしょう。

一方、本来の直感ではないところから生まれる周波数は、「離れる」「分離する」「人との差ができる」「奪う」「欠ける」などの言葉で表されます。

もしあなたが、「これが直感だ」と思って決めたことでも、それが人を傷つけたり、人のものを奪ったり、苦しめたりするような選択であれば、それは本物の直感ではありません。

あなたが光とつながって人生を選択する時、もっとも頼りになるのは、あなた自身のフィーリングです。

フィーリングに耳を傾ければ、そこにはあなたを光に導く答えがきっとあるでしょう。

宇宙のエネルギーを動かす祈りとは

「何も保証はないけれど、こっちへ行くと心がすっきりする」

「根拠はないけれど、この選択をすると、ときめいてワクワクする」

もしあなたの中に、そんなフィーリングが感じられたら、自信はなくても思いきって飛び込んでみてください。

「失敗したらどうしよう」「条件が悪いから無理かも」という思いが湧いてくるかもしれません。でも、自分自身の意思を大切にしてほしいのです。

それは、こんな真理があるからです。

もっとも大切なものを一番にもってくると、あとからすべてがついてきます。

その「大切なもの」が、自分がどうしたいかというあなたの意思であり、それを天に向かって届ける祈りなのです。

祈りによってあなたの意思が発信されると、そこに引力が生まれます。そして、さまざまなエネルギーを引き寄せていきます。

そのために、一日の始まりである朝、祈る時間をもちましょう。

その日一日をどう過ごしたいかについて、また、あなたの中にある夢や目標、大切な人に関する願い事について、心を込めて祈るのです。

祈る時は、「どういう結果を得たいのか」をまず一番に思ってください。

願いを叶える手段や手順をあれこれ考えながら祈るのではなく、自分がなりたい姿、欲しい状況にフワッと心を合わせ、ピュアな気持ちで祈るのです。

そうすると、祈りによって起きたエネルギーが、他の具体的な現象へとつながっていきます。その願いを叶えるために、必要な人、物、インスピレーション、情報、お金、場所などが全部セットで引き寄せられます。現実のほうがあなたの夢に追いついて、状況が整っていくのですね。

宇宙のエネルギーは、あなたの祈りから動き始めます。

ですから、まず真っ先に祈りを立ち上げることが大事なのです。

祈りの時間は、たった1分でもいいのです。あなたの中の神聖な場所に心を向けて、祈りを捧げましょう。

静かな時間をとって祈ることも、とても大事です。部屋の一角に聖像や聖画、お花などを飾って、あなたなりの祭壇（サンクチュアリ・聖域）を設け、キャンドルを灯し、そこに向かって祈ってもいいでしょう。

でも、**ふとした機会に一瞬だけでも、心を込めて祈る行為もとても尊いものです。**

次のような思いを込めておこなうと、その行為自体が素晴らしいヒーリングになっていきます。

「この仕事でみんなが幸せになりますように」

「このお料理を食べる家族が元気になりますように」

「この空間で過ごす人が笑顔になりますように」

私たちは祈りによって、光とつながった周波数で、すべての行動を起こすことができるようになるのです。そして、光とつながる人生を歩いていくことができるのです。

祈ることで、運命を修正する生き方が始まります

心を込めて祈っているのに、運命が逆流するかのようにつらいほうへと動いていく。望んでいることが何も起こらない……。

そんな現実がある時は、あなたの中に「幸せになるのが怖い自分」「光のほうへ進むことに抵抗する自分」がいる可能性があります。そんな思いは、潜在意識の奥に潜んでいます。ですから、自分自身でも気づかないこともよくあるのです。

しかし、そのような恐れや抵抗も、祈りによってあたたかく溶かしていくことができます。現実がなかなか動かないと思う時は、こんなふうに、あなたの魂、心のあたたかくなるところに祈ってください。

「幸せになることへの抵抗を解き放ちます。どうぞサポートをお願いします」

「望む方向とは反対の思いをもっている自分の心を、溶かしていくことを選択します。それができるよう、導きを与えてください」

「どうぞ、宇宙の愛によって、私の中にある光への抵抗を取ってください」


祈りの言葉は、あなたの心にしっくりくるものに変えていただいてかまいません。

また、自分にどんな抵抗があるのかわからなくても大丈夫です。心を込めて、自分の中にある光に向かって祈りを届けましょう。ここから抜け出したいと望んで、宇宙にリクエストしてみるのです。


あなたの魂は、宇宙とつながっています。その祈りはあなたの光を通して宇宙に届けられ、運命を自分自身で修正できる生き方が始まります。

それがどんな生き方かというと、祈りとともに運命を自分自身で選択できるようになる生き方です。

たとえば、「この感情の中にはもういたくない」という現実から、どう抜け出せばいいかわからなかったとします。抜け出したいと思っても、感情が暴れて苦しい状況です。

でも、自分と一緒に自分のために祈ってあげることによって、次に進むための導きが来ます。そして、本当の自分がその感情の中にいたいのか、手放して次のステージに行きたいのか。祈ることで、あなたが幸せになる方向を選択できるようになるのです。

つらい時には「魂の有給休暇」が必要です

起こることにはすべて意味があり、愛を学ぶために起こっているとわかっていても、浄化のようにつらいことが次々にやってくると、心がついていけないこともあるものです。「学びが必要ということもわかる。何かに気づこうとしているのもわかる。でも……」と心が叫んでしまう時、考えていることが不平や不満ばかりになってしまったら、自分の心が疲れている証しです。

心を少し休ませてあげてください。

「わかっているけどできない」「そうはいっても素直になれない」と、自分の心が暴れているなら、聖母意識はあたたかいユーモアをもってこう教えてくれました。

「魂には、有給休暇があるのですよ。そういう時は、魂の学びなどのことはいったん横に置いて、自分にとって気持ちいいことや大好きなことをして、苦しい息を抜いてあげたらいいのですよ。そして、心が元気になったらまた、大切なことに気づいてみましょう」

たとえば音楽を聴く、映画を観る、本やマンガを心ゆくまで読む、大好きなお菓子を食べる、お気に入りの場所に行く、気の置けない友だちとほっこりした時間を過ごす、心ゆくまで買い物する、温泉でゆっくりする……。

「今はちょっとお休みね」と大好きなことをして気をそらせてあげるのも、１つの大事なセラピーです。上手な魂の登り方なんです。

そして、心が回復した時に、「今の私の学びは何だったかな？」ともう一度見つめ直すと、１つ上のステップから、その問題を見ることができるのです。

魂の休暇に入る前には、ノートやメモに今の問題を書いておきましょう。なぜかというと、有給休暇中に、学びそのものをすっかり忘れてしまう人もいるからです。

もちろん、休暇中は忘れていてかまいません。でも、心が元気になったら、必ずもう一度、自分の問題やテーマに戻ってきてほしいのです。そうやって学び続けていけば、優しさの中で光の方向を見失わずに、自分で自分を導いていけます。

あなたの中には、常に光からのガイダンスが届いています。いつもそこからスタートすれば、どんな時も自分を苦しめることなく、光へと歩み続けることができるでしょう。

すべてのものが光の方向へ向かい始めています

これまで、光とつながる生き方についてお話ししてきました。それは、今後、地球が大きく変わり始めるからです。

なぜ今、この生き方が大事になってくるのでしょう。

21世紀に入り、地球は「アクエリアス（水瓶座）の時代」に入ったと言われています。

それは女神の時代であり、愛と優しさ、調和の時代とも呼ばれます。

水瓶から豊かに湧き出る水で心を洗って浄化する、そんな時代でもあります。

それぞれの時代には、その時代の潮流に合った生き方があります。

アクエリアスの時代にふさわしい生き方とは、光からずれていた自分を、本来のナチュラルな自分、光とつながっている自分に戻していく生き方です。

アクエリアスの時代が始まった今、すべてのものが光へ向かって動こうとしています。

でも、地球で起きている出来事を見ると、とても光の方向へ向かっているとは思えない、あなたは、そう思うかもしれませんね。

確かに、ニュースでは胸が痛くなる現実や、これからの地球に対して不安を抱いてしまうような情報が発信されています。また、まわりを見ても、人との競争や争い事がなくなっているわけではありません。息苦しい毎日に疲れてしまっている人も大勢います。

しかし、この一見ネガティブに見える現象には理由があるのです。それは、純粋で高波動な愛の光のエネルギーが、今までにも増して、地球に流入してきているからなのです。

光が入ってくると、愛という本質にエネルギーが流れます。

アクエリアスの女神の時とは、究極の女性性の時代なので、愛や優しさ、やわらかさ、美しさ、母性、調和など、あたたかい女神の質に時代をリードするエネルギーが変わるのです。

すると、まずは古いものが吐き出されてきます。力を誇示したり証明したりする、戦う、競争する、たたく、摩擦など、気づかずに選んできた自分のいのちにプレッシャーを与える生き方を癒す時がきたのです。

そのあたたかい自分たちに変化していくために、今この地球上において古い時代を象徴する古い意識が、いっせいに噴出しているのです。

体が自然治癒力を働かせると、私たちのいのちは、自らを癒すために、自分を苦しめていた原因となる毒素をまず排出し始めますね。

その姿は、一見悪くなったように見えていても、実はよくなっていくいのちの姿、好転反応です。毒素を出し切ってしまえば、体はとても気持ちよくすがすがしく回復します。本来のすこやかな姿に戻ろうとして、これまで自分を重くしていたものから手を放し始めたのです。

このエネルギーの法則が、今地球上に起きているのですね。

ですから、**今とても光に向かう時代が来ているように思えず、不安になったとしても、「古い時代のエネルギーを排出している途中なのだな」**と考えてください。

そのエネルギーは、ネガティブな感情と同じです。この三次元に現れたら、消えていきます。

そうやって光の方向へ戻っていくために、今この地球にも、そして個人の中にも、さまざまな現象が起きているのです。そしてそれらはすべて、本来の愛へと戻っていくために動いているのです。

「欠けているもの」ではなく、「今あるもの」に光をあてましょう

アクエリアスの時代には、どんな時も、「外側（現実）」ではなく「内側（意識）」を見ていくこと、怒りや恐れではなく、愛や優しさからエネルギーを出していくことが幸せへの近道となります。

といっても、「いつも崇高な愛を生きなければ」「内側の意識を整えなければ」と思うと、肩に力が入ってしまいますね。

でも、**新しい時代の愛のエネルギーは、とても身近なところから出していけるのですよ。**

そのお手本となるような出来事に、先日出あいました。

横断歩道の前で、信号が変わるのを待っていた時のことです。小学校低学年と幼稚園くらいの兄妹が、同じように信号待ちをしながらふざけ合っていました。そこは交通量の多い交差点でしたので、「少し危ないな。大丈夫かな？」と思って見ていました。

信号が青になったとたん、やはり二人はバーッと駆け出しました。「アッ」と思ったそ

の時、後ろでベビーカーを押していた二人のお母さんが、「手をあげてね」と明るい口調で声をかけました。

するとそれまでふざけていた二人が、パッと手をあげてゆっくり歩きだしたのです。

若いお母さんは、ベビーカーと荷物で両手はふさがっておられましたが、心を二人の子どもたちにしっかり向けて、あたたかい声をかけました。自分のいのちを守るために、一生懸命、高々と手をあげて道路を渡る二人に「わあ、手をあげて素敵だね、かっこいいよ。二人とも素敵だよ」と渡っている間じゅう目を離さず、優しい言葉をかけ続けたのです。

子どもたちはほめられるのでうれしくなって、二人で「ふふふ、クスクス」と笑いながら、楽しく渡り終えました。そのあたたかくほほえましい姿に、隣を歩いていた私まで思わずうれしくなって、そのお母さんと微笑み合ってしまいました。

何が素晴らしいかといいますと、このお母さんから生まれていたものが、あまりにも素敵なアクエリアスの時代の愛のエネルギーだったからです。

危ない場所で子どもたちに気をつけさせようとする時、多くの場合は心配なゆえに「あぶない！　やめなさい！　止まりなさい」とキツく言います。

それは、「この子たちはやらないだろう」「やれないだろう」という前提があるからです。

相手を「できない」と見て、「〇〇しなさい」と命令したり、「〇〇してはダメ」という禁止で動かそうとしてしまいます。力によって動かそうとしてしまうのです。

でも、このお母さんは、「手をあげてね」と、命令ではなく優しさで気づかせました。それは、**その子たちの中にある美しいものを引き出してあげるあり方でした。**そして、引き出されてきた二人の手をあげた姿を「かっこいいね、素敵だね」と認め続けて包んでしまう。あの子たちはきっと、自分のいのちを守ることが尊く大切なことだと胸に残るのではないでしょうか。

力でやらせると、お母さんの見ていないところではきっとやらなくなってしまいます。でも、あんなふうに自分の中にあるものを照らし出されて、認められ、愛されたら、あの子たちはきっと自分のいのちを守ることの美しさを自ら選択できるようになるでしょう。

無理強いや命令ではなく、わからせるために力を使い、「なんでそうなの？　なんでできないの？」と抑えるのではなく、子どもたちの中のいのちを愛し、その中に宿っている力を信じ、美しいものを引き出して、優しい光で照らしてあげるかのような愛し方です。

内なる光から生まれたものは、誰かの光を優しくよみがえらせるのですね。

本当に素敵でした。

あたたかい、やわらかい、優しい、うれしい、明るい、美しい……。
包み込む、認めてあげる、寄りそう……。
そんな愛の波動は、あなたを美しい光へとつなげてくれます。
私たちの中には、どんな人にも、美しく優しい光が灯っているのです。

優しさとあたたかさが扉となる愛の時代がやってきます。
その時代には、本質を優しく見る目と、心の美しさが幸せの鍵です。

世界は、私たちの心の内側から変わっていきます。

どうか、あなたのその心の清らかさが、
あなたにたくさんの幸福をもたらしますように。
あなたがいつも美しい光とともに
幸せになり続けますように。

［著者］
姫乃宮亜美（ひめのみや・あみ）
幼い頃より直感に優れ、1986年よりスピリチュアル・カウンセラー、エッセイストとして活動を始める。クライアントには一貫して、各自が持つ本来の優しい生き方に気づいて周囲の人や世界と調和して生きることの大切さを伝えている。現在は、携帯コンテンツでのメッセージ配信、『アネモネ』など女性向けスピリチュアル系専門誌での執筆の他、魂を癒し、あたたかい光を注ぐトーク会「グレースファウンテントーク会」、講演会などを東京中心に全国各地で開催している。著書には、『7日間の瞑想ワークCD 女神の癒し』『聖母のメッセージカード』（以上、実業之日本社）、『妖精を呼ぶ本』（サンマーク出版）などがある。http://www.la-sophia.jp/

光とつながって生きる
――運命を動かすエネルギーを手に入れ、願いを叶える

2016年2月25日　第1刷発行

著　者――姫乃宮亜美
発行所――ダイヤモンド社
〒150-8409　東京都渋谷区神宮前6-12-17
http://www.diamond.co.jp/
電話／03·5778·7234（編集）　03·5778·7240（販売）
装幀――――浦郷和美
カバー写真―©SIVA/orion/amanaimages
構成――――江藤ちふみ
本文イラスト―須山奈津希
本文写真――（掲載順に）©RIKUO NATSUUME/a.collectionRF/amanaimages, ©AZUMA HOTTA/a.collectionRF/amanaimages, ©MIXA CO., LTD./amanaimages, ©Seiji Mamiya/500px Prime/amanaimages, ©JP/amanaimages, ©Sohta Kawaguchi/「PHaT PHOTO'S」/amanaimages, ©John Wilhelm is a photoholic/500px Prime/amanaimages
DTP製作――伏田光宏（F's factory）
製作進行――ダイヤモンド・グラフィック社
印刷――――信毎書籍印刷（本文）・加藤文明社（カバー）
製本――――本間製本
編集担当――酒巻良江

ISBN 978-4-478-06654-6